PONS

Powerkurs
ITALIENISCH IN 4 WOCHEN

von
Marisa Silvestri

Ernst Klett Sprachen GmbH
Stuttgart

PONS
Powerkurs
ITALIENISCH IN 4 WOCHEN

von
Marisa Silvestri

Basierend auf ISBN 3-12-561065-6

Auflage A1 5 4 3 2 / 2010 2009 2008 2007

Redaktion: Joachim Neubold
Aufnahme, Schnitt und Mastering: Ton in Ton Medienhaus, Stuttgart
Sprecher: Massimiliano d'Antonio, Maria Teresa Arbia, Marina Baruzzo,
Cesare Ghilardelli, Federica Loreggian, Giovanna Mungai-Maier, Elisabetta Nöldeke,
Giuseppe Sassano
Logoentwurf: Erwin Poell, Heidelberg
Logoüberarbeitung: Sabine Redlin, Ludwigsburg
Titelfoto: Vlado Golub, Stuttgart
Einbandgestaltung: Schmidt & Dupont
Layout/Satz: BUERO CAÏRO
Druck: Clausen und Bosse
Printed in Germany.
ISBN: 978-3-12-561318-8

BENVENUTI!

Sie möchten Italienisch verstehen, sprechen, lesen und schreiben sowie sprachliche Sicherheit für alle wichtigen Alltagssituationen gewinnen.

Der **Powerkurs ITALIENISCH in 4 Wochen** bietet Ihnen einen schnellen und sicheren Einstieg in die Sprache. Mit einer modernen und kommunikativen Lernmethode trainieren Sie in lebensnahen Situationen Sprechen und Verstehen. Gleichzeitig bekommen Sie solide Kenntnisse in Grammatik und Wortschatz, so dass Sie am Ende des Kurses das Niveau A2 des gemeinsamen europäischen Referenzrahmens erreichen können.

WIE LERNEN SIE MIT DEM POWERKURS?

Jede der 12 Lektionen besteht aus zwei Teilen, die Sie in ca. 1 Stunde bearbeiten können.
Die Tagesangabe auf der oberen Leiste hilft Ihnen das Lernen zu planen und zu organisieren.

1. Tag — *Sich vorstellen* — 1

2. Tag — *Sich selbst und andere Leute beschreiben* — 1

Auf dieser Leiste können Sie auch sehen, welches Thema auf der entsprechenden Seite behandelt wird.

Lernen in Tagesportionen

Wenn Sie sich jeden Tag eine halbe oder eine Stunde dem Sprachenlernen widmen, werden Sie in 28 Tagen den Kurs erfolgreich beenden.

Am Anfang jedes Tages erhalten Sie erst einmal den Wortschatz, den Sie lernen sollten, damit Sie den darauf folgenden Text oder Dialog leichter verstehen können.

Wortschatz

non – nicht	**volentieri** – gerne
ma – aber	**le amiche** – die Freundinnen
abbastanza – ziemlich	**gli amici** – die Freunde
molto – *hier:* sehr	**insomma** – also, schließlich, somit
parla con tutti – sie spricht mit allen	**proprio** – *hier:* wirklich
inoltre – außerdem	**la ragazza** – das Mädchen
aiuta (aiutare) – hilft	**la carnagione** – der Teint

Danach haben Sie die Möglichkeit einen authentischen Dialog zu hören oder einen Text zu lesen. Weitere Übungen helfen Ihnen beim Hör- und Leseverstehen. Wenn Sie Hilfe benötigen, finden Sie die Texte der Dialoge und deren Übersetzungen in den Transkriptionen im Anhang. Die Übersetzungen der Lesetexte können Sie den Lösungen entnehmen.

Die darauf folgenden Seiten enthalten Erklärungen und Übungen zu Grammatik, Kommunikation und Wortschatz. Auf der letzten Seite jeder Lektion wird dann gezielt die Aussprache trainiert.

Jeder 7. Tag ist ein ‚Entspannungstag', an dem Sie durch spielerische, leichte Übungen das Gelernte mit Spaß wiederholen und festigen können.

7. Tag — *Und nun entspannen Sie sich!*

Trainieren Sie Ihre Fertigkeiten

Wenn Sie gezielt das Hören, Sprechen, Lesen oder Schreiben üben wollen, folgen Sie den jeweiligen Bildsymbolen, die neben den entsprechenden Übungen abgebildet sind.

Hier trainieren Sie das Hörverstehen.

Hier trainieren Sie das Leseverstehen.

Hier können Sie das Sprechen trainieren.

Hier können Sie schreiben.

Wenn Sie sich gezielt auf das Zertifikat A1 oder A2 des gemeinsamen europäischen Referenzrahmens vorbereiten wollen, finden Sie auf den letzten Seiten des Buches eine Empfehlung, welche Übungen Sie machen sollten. Dabei erhalten Sie auch einen Überblick über die Lerninhalte, die Sie für das Zertifikat beherrschen sollten.

Arbeiten Sie mit den CDs

Das Paket beinhaltet zwei Audio-CDs mit allen Dialogen und Hörübungen, die in den Lektionen auftreten.

Dieses Bildsymbol zeigt Ihnen, wie Sie mit den Audio-CDs arbeiten: Die linke Zahl gibt an, welche der Audio-CDs Sie benötigen, die rechte Zahl ist die Tracknummer der entsprechenden CD.

Was finden Sie im Anhang

Transkriptionen: Alles, was auf den CDs 1 und 2 zu hören ist, können Sie hier nochmals nachlesen, sofern der Text nicht direkt in der Lektion abgedruckt ist. Hier finden Sie auch eine deutsche Übersetzung der Dialoge.

Lösungen: Hier finden Sie die Lösungen der Übungen im Kurs und eine deutsche Übersetzung zu den Lesetexten.

Grammatik: In der systematischen Grammatik finden Sie schnell Antworten auf Ihre Grammatikfragen und zusätzliche Grammatikübungen.

§ 12

Dieses Symbol hilft Ihnen, in den Lektionen das entsprechende Kapitel in der Grammatik zu finden.

Wortverzeichnis: Sie haben ein italienisches Wort vergessen? Mithilfe dieser Wortliste finden Sie schnell die richtige Übersetzung.

Viel Spaß und Erfolg beim Italienischlernen!

Lektion 1

1. Tag **7**
sich vorstellen, nach der Herkunft und nach dem Befinden fragen, ein Formular ausfüllen

2. Tag **11**
sich selbst und andere Leute beschreiben, das Verb *avere*, Substantive, bestimmte Artikel, Aussehen und Charakter, das Alphabet

Lektion 2

3. Tag **15**
jemanden kennenlernen, Verwandschaftsbezeichnungen, die Formen von *questo*, die Familie

4. Tag **19**
Bewunderung ausdrücken, Informationen über Dritte einholen, Fragesätze mit *chi*, die Aussprache von *c* und *g*

Lektion 3

5. Tag **23**
sich verabreden, Zeit und Zahlen, Tage und Termine, Verneinung

6. Tag **27**
Datum, Monate, Zeit und Alter, Zeitadverbien, die Aussprache von *c* und *g* + *h*

7. Tag **31**
Und nun entspannen Sie sich!

Lektion 4

8. Tag **33**
eine Wohnunq suchen, Räume, einen Wunsch äußern, *c'è* und *ci sono*, der Konditional

9. Tag **37**
ein Zimmer einrichten, unbestimmte Artikel, Komparativ und Superlativ, die Aussprache von *sc* und *sg*

Lektion 5

10. Tag **41**
nach dem Weg fragen und ihn beschreiben, Orte suchen, das Verb *dovere*, der Imperativ

11. Tag **45**
in der Stadt, Verkehrsmittel, Dauer einer Fahrt, *ecco*, direkte Objektpronomen, die Aussprache von *sp* und *st*

Lektion 6

12. Tag **49**
nach dem Beruf fragen, Berufsbezeichnungen und Arbeitsplatz, das Verb *fare*

13. Tag **53**
der Lebenslauf, Schulbildung in Italien, die Stellung des Adjektivs, die Aussprache von *gn* und *gl*

14. Tag **57**
Und nun entspannen Sie sich!

Lektion 7

15. Tag **59**
auf dem Markt einkaufen, Obst- und Gemüsesorten, Mengen und Maße, die Präposition *di*

16. Tag **63**
im Restaurant, Essen und Trinken, Geschmack, Anrede, die Aussprache von *r*

Lektion 8

17. Tag 67
Interview über die Freizeit, Freizeitaktivitäten, Infinitivsätze, das Verb *piacere*

18. Tag 71
Einkaufsbummel, Kleider, Farben, Indefinitpronomen, Präpositionen, die Aussprache von *eu* und *ei*

Lektion 9

19. Tag 75
im Hotel einchecken, Reisen und Ausflüge, das Passato Prossimo mit *avere*

20. Tag 79
Sehenswürdigkeiten in Rom, das Passato Prossimo mit *essere, bello* und *buono,* betonte indirekte Pronomen, die Aussprache von *h*

21. Tag 83
Und nun entspannen Sie sich!

Lektion 10

22. Tag 85
Mülltrennung, Natur und Umweltschutz, Finalsätze, italienische Regionen, Landschaft, Pflanzen und Tiere

23. Tag 89
Wetterbericht, Wetter und Wettervorhersage, Jahreszeiten, das Futur, Doppelkonsonanten

Lektion 11

24. Tag 93
beim Arzt, Körperteile, Beschwerden äußern, einen Rat geben, Reflexivverben

25. Tag 97
Körperpflege, Adverbien, die Aussprache von *qu*

Lektion 12

26. Tag 101
La Dolce Vita von Fellini, Fernsehsendungen, italienische Fernsehsender, Verneinung, Schlagzeilen, Zeitungen und Zeitschriften

27. Tag 105
Computer und Internet, das Imperfetto, eine E-Mail schreiben, Radionachrichten, Zeitformen, Satzmelodie

28. Tag 109
Und nun entspannen Sie sich!

Anhang

Transkriptionen 111
Lösungen 134
Grammatik 147
Wortverzeichnis 189
Überblick über den gemeinsamen europäischen Referenzrahmen 206

Wortschatz

qui – hier
Lecce – Stadt in Apulien
La Spezia – Stadt in Ligurien
Ecco! – Schau mal / Hier!
ti presento – ich stelle dir … vor
Piacere! – Freut mich! / Sehr angenehm!

1 TR 01

Francesca und Pablo lernen sich kennen. Sie begrüßen sich und stellen sich vor. Dann kommt Mauro, Francescas Freund, dazu. Francesca stellt ihm Pablo vor. Hören Sie sich mehrmals an, was die Personen sagen.

2

Wenn man jemanden kennenlernt, kann man:

- sich zuerst formell begrüßen: **Buongiorno!** – *Guten Tag!*
- sich vorstellen: **Mi chiamo** – *Ich heiße* oder **Sono** – *Ich bin*
- nach dem Namen des Gesprächspartners fragen: **E Lei come si chiama?** – *Und wie heißen Sie?*
- nach der Herkunft fragen: **Di dov'è?** – *Woher sind Sie?*
- über seine eigene Nationalität / Herkunft sprechen: **Sono spagnolo. / Vengo da Lecce. / Viene dalla Spagna.** – *Ich bin Spanier. / Ich komme aus Lecce. / Er kommt aus Spanien.*

Wenn man einen Freund oder einen Bekannten trifft, kann man:

- sich informell (evtl. auch formell) begrüßen: **Ciao Mauro!** – *Hallo Mauro!*
- nach dem Befinden fragen, darauf antworten und die gleiche Frage erwidern: **Come stai? / Benissimo, grazie. E tu?** – *Wie geht es dir? / Sehr gut, danke. Und dir?*

Hören Sie sich jetzt den Dialog noch mal an. Sie werden jetzt viel mehr verstehen! Wenn Sie möchten, können Sie im Anhang den Text sowie die Übersetzung des Dialogs nachlesen.

3

§ 3

Ordnen Sie die **nazionalità** *(Nationalitäten)* unter dem Bild den Ländern zu. Schreiben Sie die Zahlen der Länder in die entsprechenden Kästchen. Die Adjektive, die auf **-o** enden, sind männlich, Adjektive mit der Endung **-a** sind weiblich. Adjektive mit der Endung **-e** können männlich oder weiblich sein.

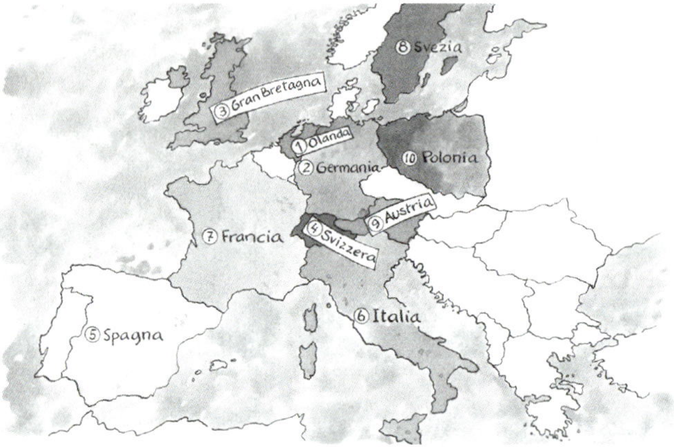

☐ a. spagnolo / a ☐ b. italiano / a ☐ c. polacco / a ☐ d. svizzero / a
☐ e. olandese ☐ f. tedesco / a ☐ g. inglese ☐ h. svedese ☐ i. francese
☐ j. austriaco / a

4

§ 5
§ 6

Im Italienischen werden die Verben in drei große Gruppen unterteilt: Die Verben mit Endung auf **-are**, auf **-ere** und auf **-ire**. Schauen Sie sich die Tabelle an und ergänzen Sie die Lücken mit Hilfe des Dialogs.

	st**are**	viv**ere**	ven**ire**
io	st**o**	viv**o**	**vengo**
tu		viv**i**	
lui, lei	**sta**		**viene**
noi		viv**iamo**	ven**iamo**
voi	st**ate**		ven**ite**
loro		viv**ono**	

5

Die Fragen auf der linken Seite passen nicht zu den Antworten auf der rechten Seite. Ordnen Sie die Antworten den richtigen Fragen zu.

1. Come si chiama?
2. Di dov'è?
3. Come sta?
4. Lei è ungherese?
5. Lei è di Berlino?
6. Tu sei Anna, vero?
7. Lei è svedese?

a. Molto bene, grazie.
b. Sono francese.
c. Sì, vengo dall'Ungheria e Lei?
d. Mi chiamo Francesca.
e. Sì, sono svedese.
f. No, io mi chiamo Federica.
g. No, non sono di Berlino, sono di Amburgo.

6 1 TR 02

Hören Sie sich die Fragen an und lesen Sie die Aussagen. Beantworten Sie die Fragen, indem Sie die richtige Lösung ankreuzen.

1.
- a. Sì, sono francese.
- b. Vengo da Cagliari.
- c. Mi chiamo Francesca.

2.
- a. Vengo da Parma, e Lei?
- b. No, mi chiamo Vittorio.
- c. Sì, sono inglese.

3.
- a. No, sono di Roma.
- b. Molto bene, grazie.
- c. Sì, sono polacca.

4.
- a. No, non sono tedesca, sono olandese.
- b. Sì, sono inglese.
- c. Mi chiamo Andrea.

7 1 TR 03

Hören Sie, wie sich Claudia vorstellt und schreiben Sie die Angaben auf die richtigen Linien. Sprachen werden auf Italienisch mit dem entsprechenden männlichen Nationalitätsadjektiv ausgedrückt.

1. Nome *(Name)*: ______________________
2. Cognome *(Nachname)*: ______________________
3. Luogo di nascita *(Geburtsort)*: ______________________
4. Luogo di residenza *(Wohnort)*: ______________________
5. Nazionalità *(Nationalität)*: ______________________
6. Madrelingua *(Muttersprache)*: ______________________
7. Lingue straniere *(Fremdsprachen)*: ______________________

8

§ 6

§ 13

Claudia benutzt ein paar Präpositionen, um sich vorzustellen:
Vengo da Roma, ma vivo a Bologna.

Ein anderes Beispiel aus dieser Lektion:
Sono di Amburgo.

Hier rechts die erwähnten Präpositionen im Überblick:

venire da + Land/Stadt

essere di + Stadt

vivere a + Stadt

Die Verben **venire** und **vivere** haben Sie schon in dieser Lektion gelernt. Hier noch die Formen von **essere**:

(io)	**sono**	**(noi)**	**siamo**
(tu)	**sei**	**(voi)**	**siete**
(lui/lei)	**è**	**(loro)**	**sono**

Wortschatz

non – nicht
ma – aber
abbastanza – ziemlich
molto – *hier:* sehr
parla con tutti – sie spricht mit allen
inoltre – außerdem
aiuta (aiutare) – hilft
volentieri – gerne
le amiche – die Freundinnen
gli amici – die Freunde
insomma – also, schließlich, somit
proprio – *hier:* wirklich
la ragazza – das Mädchen
la carnagione – der Teint

9

Das ist Maria! Sie erfahren hier etwas über ihren Charakter und ihr Aussehen. Ist sie hübsch? Sympathisch? Redet sie viel? Lesen Sie die Beschreibung!

Maria viene dall'Italia del sud. È mora. Ha i capelli lunghi e ricci e gli occhi neri. Ha la carnagione scura. Non è molto alta, ma è abbastanza snella.
È molto aperta, parla con tutti ed è simpatica. Inoltre, è molto disponibile, aiuta volentieri le amiche e gli amici.
È buona e gentile. È intelligente e responsabile.
Insomma, Maria è proprio una bella e brava ragazza!

10

Um zu sagen, wie jemand aussieht, kann man sagen:

- **Maria è mora / bionda / castana.** – *Maria ist dunkelhaarig / blond / braunhaarig.*
- **Ha i capelli lunghi / corti e ricci / lisci.** – *Sie hat lange / kurze und lockige / glatte Haare.*
- **Ha gli occhi neri / castani / azzurri / verdi.** – *Sie hat schwarze / braune / blaue / grüne Augen.*
- **È alta / bassa / snella / grassa.** – *Sie ist groß / klein / schlank / fett.*
- **È bella / brutta.** – *Sie ist hübsch / hässlich.*

Um den Charakter einer Person zu beschreiben, kann man sagen:

- **È aperta / chiusa.** – *Sie ist aufgeschlossen / verschlossen.*
- **È simpatica / antipatica.** – *Sie ist sympathisch / unsympathisch.*
- **È disponibile / buona, brava / gentile.** – *Sie ist hilfsbereit / gut / nett.*
- **È intelligente / diligente / responsabile.** – *Sie ist intelligent / fleißig / verantwortungsvoll.*

11 TR 04

§ 6

Im Text über Maria finden Sie die dritte Person Singular von *haben* (**Ha i capelli lunghi e ricci e gli occhi neri.**). Schauen Sie sich die Konjugation von **avere** in der Tabelle an. Hören Sie sich die Sätze auf der CD an. Schreiben Sie dann die fehlenden Wörter in die Lücken.

1. Vittorio ha ____________________.
2. Giancarlo ha ____________________.
3. Simone è ____________________.
4. Michele porta ____________________.
5. Silvia ha ____________________.
6. Francesca porta ____________________.

io **ho**
tu **hai**
lui/lei **ha**
noi **abbiamo**
voi **avete**
loro **hanno**

12

§ 2

Im Italienischen gibt es männliche und weibliche Substantive. In der Regel enden die männlichen auf **-o** (**capello**), die weiblichen auf **-a** (**ragazza**). Substantive, die auf **-e** enden, können entweder männlich oder weiblich sein (**nome** *m*, **carnagione** *w*).

Den Plural der Substantive bilden Sie nach folgendem Muster. Schreiben Sie die fehlenden Formen in die Lücken:

	Singular	Endung	Plural	Endung
weiblich	signora	**-a**		**-e**
männlich		**-o**	amici	**-i**
weibl. + männl.	nome	**-e**		**-i**

13

§ 1

Substantive werden meistens von einem Artikel begleitet, der sich auch ändert. Hier im Überblick der bestimmte Artikel.

m sing = **il** / m pl = **i**: **il** capello / **i** capelli
m sing vor Vokal = **l'** / m pl vor Vokal = **gli**: **l'**occhio / **gli** occhi
w sing = **la** / w pl = **le**: **la** ragazza / **le** ragazze
w sing vor Vokal = **l'** / w pl vor Vokal = **le**: **l'**amica / **le** amiche

Lesen Sie Einzelheiten zum Artikel in der Grammatik nach.

14

Schreiben Sie die Substantive mit dem passenden Artikel in die richtige Spalte.

männlich	weiblich

ragazze luogo cognomi bellezza occhi barba

15

Schauen Sie sich genau die Bilder an und kreuzen Sie die Ausdrücke an, die Ihrer Meinung nach zu den Leuten passen.

1

- ■ a. È simpatico.
- ■ b. È brutto.
- ■ c. È chiuso.

2

- ■ a. Ha i capelli ricci.
- ■ b. Ha i capelli lunghi.
- ■ c. Ha i capelli corti.

3

- ■ a. Porta gli occhiali.
- ■ b. Ha i capelli lunghi.
- ■ c. È calvo.

16

Schreiben Sie die Gegensätze der untenstehenden Adjektive in die Lücken.

1. basso ____________________
2. simpatico ____________________
3. buona ____________________
4. aperto ____________________

17 TR05

Hören Sie sich das italienische Alphabet an und sprechen Sie die einzelnen Buchstaben nach.

A	**N**
B	**O**
C	**P**
D	**Q**
E	**R**
F	**S**
G	**T**
H	**U**
I	**V**
L	**Z**
M	

Andere Buchstaben wie J, K, W, X oder Y kommen nur in Fremdwörtern vor.

18 TR06

Hören Sie sich die einzeln buchstabierten Städtenamen an und schreiben Sie anschließend die Namen auf die Linien.

1. ______________________________
2. ______________________________
3. ______________________________
4. ______________________________

Buchstabieren Sie nun selbst noch einmal laut die Städtenamen und vergleichen Sie es mit der Aufnahme.

Wortschatz

non ... ma – nicht ... sondern
la nonna – Großmutter
la cognata – Schwägerin
ciao – hallo
questo / questa è – *er/sie ist*
il cugino – Cousin
piacere di conoscerti – freut mich dich kennen zu lernen
il piacere è mio – das Vergnügen ist ganz meinerseits

1

1 TR07

Francesca stellt ihrem Freund Mauro einige Familienmitglieder vor.
Hören Sie sich den Dialog an.

Lesen Sie dann den Dialog im Anhang und beantworten Sie die Fragen:
Was sagen Sie, ...

... wenn Sie eine Frau vorstellen? ____________________

... wenn Sie einen Mann vorstellen? ____________________

... wenn Sie auf eine Vorstellung reagieren? ____________________,

____________________, ____________________

2 1 TR 08

Das ist die Familie von Francesca. Hören Sie sich an, wie sich jedes Familienmitglied vorstellt. Können Sie die Verwandtschaftsbezeichnungen mit Hilfe der Illustration erraten? Schreiben Sie die Zahlen, die bei Francescas Familienmitglieder stehen, in die Kästchen vor den entsprechenden Verwandtschaftsbezeichnungen. Achtung: fünf Verwandtschaftsbezeichnungen bleiben übrig.

☐ a. nonna	☐ b. padre	☐ c. madre	☐ d. suocero	☐ e. zio
☐ f. nipote	☐ g. figlia	☐ h. sorella	☐ i. fratello	☐ j. nonno

3

§ 14

Im Dialog kommen Wörter wie **mio** und **mia** vor. Es sind Possessivbegleiter. Schauen Sie sich die Formen in diesen Tabellen an und versuchen Sie, mit Hilfe des Dialogs die Lücken zu ergänzen. Lesen Sie dann das Grammatikkapitel über die Possessivbegleiter im Anhang.

mio padre	______ madre	i miei genitori	le ______ amiche
______ nonno	tua nonna	i ______ nonni	le tue nonne
______ fratello	sua sorella	i ______ fratelli	le sue sorelle
nostro figlio	______ figlia	i nostri figli	le ______ figlie
______ nipote	vostra nipote	i ______ nipoti	le vostre nipoti
il loro cognato	la loro cognata	i ______ cognati	le ______ cognate

4 TR 09

Lesen Sie die Sätze und schreiben Sie die richtigen Verwandtschaftsbezeichnungen in die Lücken. Hören Sie sich anschließend die Sätze an und überprüfen Sie Ihre Antworten.

1. Per i miei genitori i miei figli sono i loro ____________________.
2. Il fratello di mia madre è mio ____________________.
3. I figli dei miei zii sono i miei ____________________.
4. La figlia di mio padre è mia ____________________.
5. I genitori di mio marito sono i miei ____________________.
6. I genitori di mio padre sono i miei ____________________.
7. Mio fratello è lo zio dei miei ____________________.

5 TR 10

§ 15

Um jemanden vorzustellen, werden im Italienischen die Formen von **questo** *(der/das hier)* benutzt. Hören Sie, wie die Leute vorgestellt werden und ergänzen Sie die Tabelle.

1. Questa è la mia amica Giovanna.

2. Queste sono le mie due sorelle.

3. Questo è mio figlio Carlo.

4. Questi sono i miei amici.

m sing = ______________ / m pl = ______________

w sing = ______________ / w pl = ______________

Wie Sie sehen, ändern sich im Italienischen auch die Formen von **questo**, genau wie die bestimmten Artikel.

6

§ 3

Das Adjektiv im Italienischen stimmt immer mit dem Substantiv überein, auch wenn das Adjektiv nach dem Verb **essere** steht.

Ergänzen Sie die Sätze, indem Sie die richtige Antwort auswählen. Achten Sie auf die Endungen.

1. Questi ... sono ...
   - a. ragazzi, alti
   - b. ragazze, alte
   - c. ragazza, alta

2. Queste ... sono ....
   - a. signore, giovani
   - b. signori, anziani
   - c. signora, giovane

3. Il ... di Francesca è ....
   - a. nonna, calvo
   - b. nonni, calvi
   - c. nonno, calvo

4. ... moglie è ...
   - a. Mia, gentile
   - b. Mio, gentile
   - c. Mie, gentili

7

Wenn man nicht verheiratet ist, ist man in Italien **celibe** bzw. **nubile** *(ledig)*. Die Bezeichnung **essere celibe** benutzt man für Männer, **essere nubile** hingegen für Frauen.

Für diese Zeit können die folgenden Ausdrücke nützlich sein:
il mio ragazzo / la mia ragazza – *mein Freund / meine Freundin*
essere fidanzato – *verlobt sein* **essere single** – *single sein*

Und hier noch ein bisschen Wortschatz über die Hochzeit und die Zeit danach:
il matrimonio / le nozze – *die Hochzeit* **sposarsi** – *heiraten*
essere sposato – *verheiratet sein*
gli sposi / la coppia – *das Brautpaar / Paar*
lo sposo / la sposa – *der Bräutigam / die Braut*
il viaggio di nozze – *die Hochzeitsreise*
separato / a – *getrennt* **divorziato / a** – *geschieden*

Schreiben Sie die Gegensätze in die Lücken.

1. nubile ____________ 2. fidanzato ____________ 3. sposarsi ____________

a. divorziare b. single c. sposata

Wortschatz

il vestito – das Kleid
accanto a – neben + *Dat.*
il cappello – der Hut
fa l'architetto – er ist Architekt
quale? – *hier:* welcher?
ancora – noch
purtroppo – leider
un po' – ein bisschen
quel giorno – an diesem Tag
col vestito rosso – mit dem roten Kleid
indossa – trägt
sempre – immer
la camicetta verde – die grüne Bluse
quindici giorni fa – vor 15 Tagen
fra le montagne – in den Bergen
vicino a – in der Nähe von

8 1 TR 11

Hier sehen Sie eine Hochzeitsgesellschaft. Die Braut zeigt ihrer Freundin dieses Bild, weil sie bei der Hochzeit nicht dabei sein konnte. Hören Sie sich den Dialog an.

Entscheiden Sie, ob die Sätze richtig oder falsch sind.

	richtig	falsch
1. Die Braut und ihr Mann sind ein schönes Paar.		
2. Die Mutter der Braut macht ein freundliches Gesicht.		
3. Die Frau mit dem Hut ist die Mutter der Braut.		
4. Der Mann mit der Brille ist nicht der Vater der Braut.		
5. Andrea, der Cousin der Braut, arbeitet Tag und Nacht.		
6. Die Schwiegereltern der Braut heißen Silvia und Antonio.		
7. Das Brautpaar hat eine Hochzeitsreise gemacht.		

9

Im Dialog kommen einige Wörter vor, mit denen Bewunderung oder Erstaunen ausgedrückt werden. Lesen Sie hier, wie Sie diese Ausdrücke bilden können.

Che + Adjektiv + **!**

z. B. **Che bello!/Che bella!** – *Wie schön!*

Che + Substantiv + Adjektiv + **!**

z. B. **Che madre giovane!** – *Was für eine junge Mutter!*

Ausnahme: **Che** + Adjektiv + Substantiv + **!**

Che bella sposa!/E che bel vestito! –

Was für eine schöne Braut!/Und was für ein schönes Brautkleid!

Die Formen von **bello** ändern sich, wenn sie vor einem Substantiv stehen. Sehen Sie sich die Formen im Schaubild an.

Singular		
m	**bel**	**bello**
w	**bella**	
Plural		
m	**bei**	**begli**
w	**belle**	

10

Drücken Sie Bewunderung aus! Sie finden hier Substantive im Singular und Adjektive (m sing). Achten Sie auf die Übereinstimmung der Adjektive mit den Substantiven.

1. coppia, bello *Che bella coppia!*
2. ragazza, simpatico ______
3. giacca, elegante ______
4. madre, anziano ______

11

Um Informationen über Dritte einzuholen, kann man Fragesätze mit **chi** einleiten.
Hier finden Sie ein paar Beispiele aus dem Dialog.

§ 15
§ 20

Chi è? z. B. **Chi è quel signore con gli occhiali?** – *Wer ist der Mann mit der Brille?*
Chi sono? z. B. **E questi signori, chi sono?** – *Und wer sind diese Leute da?*

Man kann antworten, indem man **questo** oder **quello** verwendet.
Quello, *der da/das da*, verweist auf Sachen/Personen, die vergleichsweise weit entfernt sind.
Quello ändert meistens seine Formen. Lesen Sie die Tabelle.

m sing = **quello**/m pl = **quelli** que**l(!) ragazzo**/que**i(!) ragazzi**
w sing = **quella**/w pl = **quelle** quel**la ragazza**/quel**le ragazze**

12 1 TR 12

Einige Mitglieder aus Francescas Familie kommen auf Sie zu. Hören Sie, was sie sagen. Wie würden Sie antworten? Kreuzen Sie die passende Antwort an.

1. ☐ a. Quello con la barba.
   ☐ b. Ciao.
   ☐ c. Non sono Simone.

2. ☐ a. Piacere!
   ☐ b. È quello con i baffi.
   ☐ c. Buongiorno!

3. ☐ a. Molto piacere!
   ☐ b. Ha gli occhi verdi.
   ☐ c. Non è mia zia.

4. ☐ a. Che bello!
   ☐ b. Piacere di conoscerti!
   ☐ c. Andrea è alto.

5. ☐ a. Vive a Lecce.
   ☐ b. Sono i miei suoceri.
   ☐ c. Il piacere è mio!

6. ☐ a. Quello con la cravatta.
   ☐ b. Questo è mio cognato.
   ☐ c. Piacere!

13 TR 13

Man sagt, dass Italienisch so geschrieben wird, wie es gesprochen wird. Ein paar Regeln muss man jedoch kennen: Vor **a**, **o** und **u** werden **c** und **g** hart gesprochen. Vor **i** und **e** werden **c** und **g** weich gesprochen.
Hören Sie sich die Wörter an und wiederholen Sie sie laut! Ordnen Sie anschließend die Wörter der entsprechenden Tabelle zu.

weicher Laut	harter Laut
gentile	ami**co**

a. Fran**ci**a b. **Ge**rmania c. intelli**ge**nte d. **gi**ovane
e. **ca**pelli f. ra**ga**zza g. lin**gu**a h. **ci**ao

14 TR 14

Übernehmen Sie im folgenden Dialog Francescas Rolle. Wenn Sie bereit sind, starten Sie Track 14 und beginnen sofort mit Francescas erstem Satz, da die Zeit, bis Pablo spricht, begrenzt ist. Viel Spaß! Den ganzen Dialog können Sie auf Track 1 hören.

Francesca: Buongiorno! Mi chiamo Francesca Baldassarri. E Lei come si chiama?
Pablo: Sono Pablo Dìaz.
Francesca: Di dov'è?
Pablo: Sono spagnolo, e Lei?
Francesca: Io sono italiana, vengo da Lecce, ma vivo qui a La Spezia.
...
Francesca: Ciao Mauro! Come stai?
Mauro: Benissimo, grazie. E tu?
Francesca: Bene. Ecco, ti presento Pablo, viene dalla Spagna.
Mauro: Piacere, sono Mauro!
Pablo: Piacere!

Wortschatz

Pronto? – Hallo?
sono io – ich bin es
senti – hör mal
il corso di nuoto – Schwimmkurs
allora – also
andare – gehen
lo spettacolo delle undici – die Vorstellung um elf Uhr
a sabato – bis Samstag

1 ① TR 15

Francesca ruft ihre Freundin Elisa an. Sie möchte sich mit ihr verabreden. Hören Sie den Dialog und beantworten Sie die Frage.

Wann und wo treffen sich Francesca und Elisa?

____

2

Um Verabredungen zu treffen, kann man fragen:

- **Hai voglia di andare al cinema venerdì sera? / Perché prima non andiamo a bere qualcosa?** – *Hast du Lust, am Freitagabend ins Kino zu gehen? / Warum gehen wir nicht vorher etwas trinken?*
- **A che ora? / Va bene alle otto?** – *Um wie viel Uhr? / Geht es um acht Uhr?*

Und um darauf zu reagieren, kann man sagen:

- **Mi dispiace, ma venerdì non posso: ho il corso di nuoto.** – *Es tut mir leid, aber ich kann am Freitag nicht: ich habe Schwimmkurs.*
- **Va bene / Perfetto!** – *OK / Perfekt!*
- **Alle otto mi sembra un po' presto, meglio un po' più tardi.** – *Ich glaube, um acht Uhr ist es ein bisschen früh, es wäre besser ein bisschen später.*

Um einen Treffpunkt auszumachen, kann man fragen:

- **E dove ci vediamo? / Che ne dici di vederci davanti al bar centrale?** – *Und wo treffen wir uns? / Wie wäre es denn, wenn wir uns vor dem Café im Zentrum treffen?*

Hören Sie sich jetzt den Dialog noch einmal an. Sie werden viel mehr verstehen! Sie können den Text im Anhang nachlesen.

3 1 TR 16

§ 17

Im Dialog auf Seite 23 kommen die Zahlen **otto** und **dieci** vor. Hören Sie sich die Zahlen an und lesen Sie sie. Wiederholen Sie alle Grundzahlen laut.

0	zero	10	dieci	20	venti
1	uno	11	undici	30	trenta
2	due	12	dodici	40	quaranta
3	tre	13	tredici	50	cinquanta
4	quattro	14	quattordici	60	sessanta
5	cinque	15	quindici	70	settanta
6	sei	16	sedici	80	ottanta
7	sette	17	diciassette	90	novanta
8	otto	18	diciotto	100	cento
9	nove	19	diciannove		

4 1 TR 17

Zahlen braucht man, um die Uhrzeit angeben zu können. Hören Sie sich die Uhrzeiten an. Ordnen Sie die unten stehenden Uhrzeiten den Uhren zu, indem Sie die Buchstaben in die entsprechenden Kästchen schreiben.

a. Sono le due e cinque. b. Sono le tre e dieci. c. Sono le quattro e un quarto.
d. Sono le sei e mezza. e. Sono le sette meno un quarto.
f. Sono le otto meno dieci. g. Sono le nove meno cinque. h. Sono le dieci.

5 1 TR 18

Paola und Antonio haben immer sehr viel vor. Lesen Sie sich ihren Terminkalender durch. Hören Sie sich die Wochentage (**giorni**) und die Wörter rund um die Termine an. Können Sie die Bedeutungen anhand der Illustration erraten?

6

§ 13

Wollen Sie im Italienischen ausdrücken, um wie viel Uhr etwas stattfindet oder passiert, so setzen Sie vor die Uhrzeit **alle** (**a + le**), z. B. **alle quattro** *(um vier Uhr)*. Wenn Sie sich verabreden, müssen Sie auch den Tag und die Tageszeit angeben. Hier finden Sie weitere Möglichkeiten, Tagesangaben im Italienischen auszudrücken. Ordnen Sie diese den entsprechenden Übersetzungen auf der rechten Seite zu.

1. lunedì mattina	a. *Samstag spät abends*
2. martedì pomeriggio alle cinque	b. *Donnerstagnacht*
3. mercoledì sera	c. *Mittwochabend*
4. giovedì notte	d. *Montag früh/-vormittag*
5. venerdì mattina alle sei	e. *Freitagmorgen um 6 Uhr*
6. sabato sera tardi	f. *Dienstagnachmittag um 5 Uhr*

7 TR 19

§ 18

Aussagesätze werden im Italienischen mit **non** verneint. **Non** steht immer vor dem Verb. Verneinen Sie mündlich die folgenden Sätze und vergleichen Sie dann Ihre Antworten mit den aufgenommenen Sätzen.

1. Sono le dieci.
2. Posso venire lunedì alle tre.
3. Veniamo sabato mattina.
4. Luca e Marco hanno voglia di andare al cinema.

8

Welche der drei Antworten passt nicht zur Frage? Kreuzen Sie das Kästchen neben der Reaktion an, die nicht passt.

1. Ci vediamo sabato?
   - ■ a. Perfetto. Alle otto?
   - ■ b. Sì, sabato sono libero.
   - ■ c. Venerdì, non possiamo.

2. Puoi venire al cinema con noi?
   - ■ a. Certo, vengo con voi.
   - ■ b. Meglio alle otto.
   - ■ c. Mi dispiace, ma non posso.

3. Dove ci vediamo?
   - ■ a. Va bene davanti al pub?
   - ■ b. Ci vediamo al cinema?
   - ■ c. Potete venire alle sette?

4. A che ora ci vediamo?
   - ■ a. Non possono venire.
   - ■ b. Alle otto di mattina?
   - ■ c. Va bene a mezzogiorno?

9

§ 19

Mit dem Verb **potere** *(können)* kann man eine Möglichkeit bzw. eine Unmöglichkeit und eine Erlaubnis bzw. ein Verbot ausdrücken. Ergänzen Sie die Formen von **potere**. Wenn Sie Hilfe brauchen, können Sie ein paar Formen in der Übung 8 finden.

(io)	______________	(noi)	______________
(tu)	______________	(voi)	______________
(lui / lei)	può	(loro)	______________

Wortschatz

cara Marisa – liebe Marisa
Come passa il tempo! – Wie doch die Zeit vergeht!
eh sì – oh ja
la mia piccolina – meine Kleine
adulta – Erwachsene (f.)
incredibile – unglaublich
festeggi (festeggiare) – feierst
Natale – Weihnachten
ti penso – ich denke an dich
guardo (guardare) – ich schaue
ti vogliamo bene – wir haben dich lieb / gern
a presto – bis bald

10

Heute ist der 15. März und Marisa hat Geburtstag. Sie studiert seit einem Jahr in England. Ihre Mutter schreibt ihr eine Geburtstagskarte aus Neapel, ihrer Heimatstadt, um ihr zu gratulieren.

Lesen Sie den Text und unterstreichen Sie die Formen, mit denen man jemandem zum Geburtstag gratuliert und mit denen man das Alter ausdrückt. Wenn Sie Hilfe brauchen, schauen Sie in der Übersetzung im Anhang nach.

Napoli, 15 marzo 2007

Cara Marisa,
oggi è il 15 marzo ed è il tuo compleanno. Hai 24 anni! Come passa il tempo! Eh sì, il 15 marzo del 1983 è nata la mia piccolina! ... Piccolina? Ormai non sei più piccola, sei adulta. Incredibile! Ventiquattro anni fa? Sì, ventiquattro anni fa!!
Questo è il primo compleanno che non festeggi con i tuoi genitori ... Sei in Inghilterra da un anno e non ci vediamo da Natale, ma ti penso sempre e spesso guardo le tue foto.
Ti auguro tanta felicità e tanto successo per il tuo futuro.
Tanti auguri da mamma e papà.
Buon compleanno, Marisa!
Ti vogliamo bene.
A presto.

mamma

Tanti auguri di buon compleanno

11 TR 20

Die Monate heißen im Italienischen:
gennaio, febbraio, marzo, aprile, maggio, giugno, luglio, agosto, settembre, ottobre, novembre, dicembre.

In welchem Monat finden die Ereignisse statt? Hören Sie sich die Sätze an und ergänzen Sie die Lücken.

1. Il mio compleanno è il 26 di ____________________.
2. Il 27 di ____________________ vado in vancanza.
3. Il mese di ____________________ ha 30 giorni.
4. Natale è a ____________________.
5. La Settimana Santa è di solito in ____________________.
6. Dopo gennaio viene ____________________.
7. La festa della Repubblica è il 2 di ____________________.
8. La Befana è il 6 di ____________________.

12

§ 17

Nach dem Geburtsdatum fragt man so:
Quando + essere + nato / a?
z. B. **Quando sei nato / a?, Quando è nato / a?**
(Wann bist du geboren?, Wann ist er / sie geboren?)

Darauf antwortet man:
Io + sono + nato / a + il (giorno) (mese) (anno)
z. B. **Io sono nata il 17 settembre 1976.**
(Ich bin am 17. September 1976 geboren.)

Wie man die Zahlen über 100 bildet, können Sie in der Grammatik § 17 nachlesen.

Die Jahreszahlen werden genau wie Grundzahlen gelesen
(z. B. 1983 = **millenovecentoottantatré**)
Nato ist das Partizip Perfekt von **nascere**. **Nata** ist die weibliche Form.
Bei **essere** stimmt das Partizip Perfekt mit dem Subjekt überein.

Wann sind Sie geboren? Beantworten Sie die Frage mündlich und schriftlich.

____

13

Marisa ist 24. Wie alt sind Sie?

Im Italienischen wird so nach dem Alter gefragt:
Quanti anni + avere?
z. B. **Quanti anni hai?** *(Wie alt bist du?)*
Quanti anni ha? *(Wie alt sind Sie?)*

Man antwortet darauf:
Avere + numero *(Zahl)* **+ anni.**
z. B. **Ho 50 anni.**
z. B. **Ha 38 anni.**

Das Alter wird mit **avere** angegeben.

Wie alt sind Sie? Beantworten Sie die Frage mündlich und schriftlich.

14

§ 4

Hier finden Sie einige Zeitadverbien: **ieri** *(gestern)*, **oggi** *(heute)*, **domani** *(morgen)*, **dopodomani** *(übermorgen)*, **sempre** *(immer)*, **mai** *(nie)*, **spesso** *(oft)*, **a volte** *(manchmal)*, **due volte alla settimana** *(zweimal pro Woche)*, **una volta al giorno** *(einmal pro Tag)*.

Beantworten Sie die Fragen, indem Sie die richtige Antwort ankreuzen.

1. Quando è il tuo compleanno?
   - a. oggi
   - b. spesso
   - c. una volta al giorno

2. Quando è Natale?
   - a. mai
   - b. sempre
   - c. una volta all'anno

3. Quando è Pasqua *(Ostern)*?
   - a. a volte
   - b. domani
   - c. una volta alla settimana

4. Festeggi il tuo compleanno? – Sì, …
   - a. ogni anno
   - b. tre volte
   - c. ogni giorno alla settimana

15 1 TR 21

Ein **h** vor dem **i** oder **e** macht das **c** und **g** hart. Hören Sie sich die Sätze an und wiederholen Sie sie laut! Unterstreichen Sie die Laute, die der Regel entsprechen.

1. Che bello!
2. Chi è lui?
3. Mi chiamo Michele.
4. Rachele porta gli occhiali.
5. Chiara ha i capelli lunghi.
6. Margherita ha gli occhi neri.

16 1 TR 22

In der Lektion 2 haben Sie gelernt, dass **c** und **g** vor **a**, **o** und **u** hart gesprochen werden. Vor **i** und **e** werden **c** und **g** weich gesprochen. Hören Sie sich die Wörter an und schreiben Sie in die Lücke **ch** bzw. **gh** oder **c** bzw. **g**.

1. _ _ iave	2. _ _ iamarsi	3. _ _epardo	4. _ _ iro
5. rin_ _ iera	6. _ _ iodo	7. _ inese	8. _ elato
9. _ asa	10. _ uerra	11. _ iovane	12. _ _ ioc _ iola

Lesen Sie die Übersetzungen der unbekannten Wörter im Glossar nach.

1

Schreiben Sie in die Kästchen des Kreuzworträtsels die entsprechenden italienischen Wörter. Wenn Sie alle Wörter richtig schreiben, können Sie ein Wort senkrecht lesen.

					1.							
					2.							
					3.							
					4.							
	5.											
				6.								
7.												

1. Haare
2. Augen
3. nett, freundlich
4. Name
5. schön / hübsch
6. Freundin
7. französisch

2 1 TR 23

Hören Sie sich mehrmals die Familienbezeichnungen an und suchen Sie sie dabei im Buchstabengitter. Markieren Sie die Wörter mit einem farbigen Stift. Die versteckten Wörter können horizontal, vertikal und diagonal angeordnet sein!

O	C	G	S	P	Y	D	M	C	U	G	I	N	A
Q	U	I	Q	O	C	Z	L	I	D	Y	N	J	O
E	Y	C	E	W	R	I	S	U	O	C	E	R	O
H	W	U	O	O	C	E	B	L	O	V	J	Z	V
I	H	C	Y	G	K	C	L	K	Y	W	V	M	M
P	E	Z	X	L	N	Z	U	L	T	G	Y	O	A
T	O	I	J	E	Q	A	T	N	A	E	H	G	R
Y	N	O	N	N	A	R	T	N	Y	D	V	L	I
F	E	Z	D	K	I	H	G	A	F	S	S	I	T
Q	V	J	F	J	D	D	N	M	I	V	C	E	O
H	C	C	M	K	O	P	L	G	G	U	Z	I	A
T	P	A	D	R	E	W	C	F	L	O	H	O	R
G	N	O	N	N	O	J	U	O	I	K	G	P	E
G	E	W	Q	M	Q	I	C	C	O	F	N	R	E
V	S	V	A	I	D	C	U	G	I	N	O	X	K

3

Die folgenden Buchstaben sind durcheinandergeraten. Können Sie sie sortieren? Schreiben Sie die Wörter in die Lücken.

debricem	______________	ìenuld	______________	tbrteoo	______________
onaegin	______________	otten	______________	oulgli	______________
aicemnod	______________	rlipae	______________	ares	______________

4 1 TR 24

Wenn Sie Track 24 starten, beginnt das Bingo-Spiel! Sobald Sie eine Zahl hören, die Sie auf einem der Felder sehen, kreuzen Sie die entsprechende an. Wenn Sie vier Kreuze in einer Reihe haben, dann haben Sie Bingo. Achtung: Einige Zahlen bleiben übrig! Viel Spaß!

1	**1.570.000**	**1.200**	**2**
700	**100**	**5**	**51**
19	**2.121**	**1000**	**258**
3.777	**31**	**33**	**10**

Wortschatz

chiamo (chiamare) – *hier:* ich rufe an
l'annuncio – Anzeige
la casa in affitto – Mietshaus
ho capito – ich habe verstanden
se vuole – wenn Sie möchten
passare – vorbeikommen
entrate – kommt herein
luminoso – hell
il soggiorno – Wohnzimmer
la vista sul mare – Meeresblick
la cucina – Küche
Vi piace? – Gefällt es euch?
l'affitto – Miete
vedere – schauen
le camere da letto – Schlafzimmer (Pl.)
il bagno più piccolo – das kleinste Bad

1 TR 25

Mauro und Francesca finden eine sehr interessante Immobilienanzeige. Lesen Sie die Anzeige und entscheiden Sie, ob die Sätze richtig oder falsch sind.

Affittasi ampio appartamento di 3 vani, soggiorno con vista sul mare, giardino, 2 bagni (uno più grande con vasca da bagno ed uno di dimensioni più piccole).
Riscaldamento centralizzato, grande terrazza.
In zona tranquilla a dieci km dalla città.
Per ulteriori informazioni rivolgersi allo 02-68904

	richtig	falsch
1. Die Wohnung liegt im Zentrum.		
2. Vom Wohnzimmer aus sieht man das Meer.		
3. Es gibt ein großes und ein kleines Bad.		
4. Es gibt einen Garten und eine Terrasse.		
5. Die Wohnung hat keinen Balkon.		
6. Die Wohnung hat eine Zentralheizung.		
7. Es gibt nur ein Schlafzimmer.		
8. Die Wohnung ist sehr klein.		

Mauro und Francesca rufen die Vermieterin an und verabreden sich, um die Wohnung anzuschauen. Hören Sie sich das Telefongespräch und den Dialog bei der Wohnungsbesichtigung an.

2 1 TR 26

Schauen Sie sich den Grundriss dieses Hauses genauer an. Hören und lesen Sie die Bezeichnungen und schreiben Sie in jedes Kästchen die entsprechenden Zahlen. Die Reihenfolge der Aufnahmen entspricht den Zahlen von 1 bis 10.

☐ a. il bagno
☐ b. la scala
☐ c. il giardino
☐ d. il soggiorno
☐ e. il balcone
☐ f. il corridoio
☐ g. la camera da letto
☐ h. la sala da pranzo
☐ i. la terrazza
☐ j. la cucina

3

Im Dialog kommt die Form **c'è** *(es gibt)* vor, die vor einem Substantiv im Singular benutzt wird: **qui c'è il soggiorno.**
Hat man eine Pluralform, dann benutzt man **ci sono**. Schreiben Sie **c'è** oder **ci sono** in die Lücken.

1. ____________ due stanze da letto.
2. Lì ____________ la cucina.
3. ____________ cinque stanze.
4. ____________ tre ragazzi.
5. In giardino ____________ una ragazza.

4

Wenn Sie eine Wohnung oder auch ein Haus suchen, können diese Sätze für Sie nützlich sein. Welche Sätze gehören zueinander? Ordnen Sie sie entsprechend zu.

1. L'appartamento è ancora disponibile?
2. A che ora potremmo vedere l'appartamento?
3. Potrei vedere le camere da letto?
4. Questa è la mansarda *(Dachzimmer)*.
5. Mi scusi, quant'è l'affitto?
6. E questo è il bagno. Vi piace?

a. 800 euro al mese.
b. Certo! Se volete, potete vederlo oggi.
c. Certamente! Venite! Le camere da letto sono qui.
d. Verso le cinque va bene?
e. Stupenda!
f. Molto! È davvero grande!

5

§ 11

Das Präsens von **volere** *(wollen)* ist:
io voglio, tu vuoi, lui / lei vuole, noi vogliamo, voi volete, loro vogliono.

Statt **voglio** und **vogliamo** wird oft der Konditional **vorrei** *(ich möchte)* und **vorremmo** *(wir möchten)* gebraucht, da es einfach höflicher klingt.

Schreiben Sie die fehlenden Formen des Konditionals von **volere** und **potere** in die Tabelle. Die Formen finden Sie im Schaubild.

volere		potere	
io	____________	io	____________
tu	vorresti	tu	____________
lui / lei	____________	lui / lei	potrebbe
noi	____________	noi	____________
voi	____________	voi	potreste
loro	vorrebbero	loro	____________

vorrei
vorrebbe
potremmo
potresti
potrebbero
vorremmo
vorreste
potrei

6

Ergänzen Sie die folgenden Sätze, indem Sie die richtigen Formen des Konditionals von **volere** und **potere** in die Lücken schreiben.

1. ________________ (io, volere) una casa molto grande.
2. ________________ (noi, potere) vedere l'appartamento?
3. ________________ (loro, volere) una villa in campagna.
4. ________________ (lui, volere) vivere in una piccola mansarda nel centro storico della città.
5. ________________ (tu, potere) comprare un piccolo appartamento in periferia, perché no?
6. Lucia e Antonio non ________________ (potere) mai abitare a Roma. A loro non piacciono le grandi città.
7. ________________ (voi, volere) un appartamento al primo o al secondo piano?

7

Lesen Sie die Anzeige und ergänzen Sie die Lücken.

1. La ______________ è di 200 mq.
2. Ci sono ______________ camere da letto.
3. ______________ due bagni grandi.
4. La cucina ha una ______________.
5. Il ______________ ha una terrazza.
6. In giardino c'è una ______________.
7. ______________ ha doppio posto macchina.
8. Il ______________ di vendita è 300.000 euro.

> Vendesi villa in campagna di 200 mq. 4 camere da letto, 2 bagni grandi, cucina con veranda e ampio salone con terrazza.
> Giardino con piscina.
> Garage con doppio posto macchina.
> Prezzo: 300.000 euro.

Wortschatz

la stanza – Zimmer, Raum
la finestra – Fenster
il letto – Bett
il comodino – Nachttisch
la radio – Radio
per terra – auf dem Boden
il tappeto colorato – bunter Teppich
la scrivania – Schreibtisch
il portatile – Laptop
l'armadio – Schrank
su una delle pareti – an einer der Wände
sono appese – hängen
la libreria – Bücherregal
i libri – Bücher

8

Das ist Valerias Zimmer. Lesen Sie die Beschreibung. Wo steht das Bett? Und wo der Schreibtisch? Achten Sie darauf, wo sich die Gegenstände befinden.

La stanza di Valeria è molto luminosa. È la stanza più bella della casa. Ci sono una finestra piccola e una finestra più grande con una pianta. Il letto è tra le due finestre. Accanto al letto c'è un comodino con una radio.
Per terra c'è un tappeto colorato. Sulla scrivania c'è il portatile di Valeria. L'armadio è molto grande. Su una delle pareti sono appese le foto della sua famiglia. La libreria è piena di libri. Quanti libri!

9

Richtig oder falsch? Kreuzen Sie die richtige Antwort an.

	richtig	falsch
1. La stanza di Valeria è bella.		
2. La stanza di Valeria non è luminosa.		
3. C'è solo una finestra.		
4. Valeria non ha un portatile nella sua stanza.		
5. Su una delle pareti sono appese le foto dei suoi amici.		

10 TR 27

Schauen Sie sich das Bild an und hören Sie sich die Möbelbezeichnungen dazu an. Schreiben Sie die Zahlen der entsprechenden Möbelstücke oder Gegenstände in die Kästchen. Die Reihenfolge der Aufnahmen entspricht den Zahlen von 1 bis 9.

☐ a. la lampada ☐ b. la scrivania ☐ c. il divano
☐ d. il televisore ☐ e. la sedia ☐ f. il tavolo
☐ g. il riscaldamento ☐ h. il letto ☐ i. l'armadio

11

§ 1

Sie haben in der Lektion 1 alle Formen des bestimmten Artikels gelernt. Hier lernen Sie die Formen des unbestimmten Artikels kennen. Pluralformen gibt es vom unbestimmten Artikel keine.

vor Konsonant	**un** comodino	**una** lampada
vor Vokal	**un** armadio	**un'**altalena *(Schaukel)*
vor **s** + Konsonant	**uno** sgabello *(Hocker)*	
vor **z**	**uno** zio	
vor **sh** und **y**	**uno** yogurt	

12

Wo befindet sich was? Lesen Sie sich die folgenden Fragen durch und schreiben Sie den richtigen unbestimmten Artikel in die Lücken.

1. Che cosa c'è in bagno?

   ______ lavandino e ______ water *(Toilettenschüssel)*.

2. Cosa c'è in una sala da pranzo *(Esszimmer)*?

   ______ tavolo e delle sedie.

3. Cosa c'è in una camera da letto?

   ______ letto e ______ lampada.

4. Cosa c'è in giardino?

   ______ altalena, ______ amaca *(Hängematte)* e ______ scivolo *(Rutsche)*.

13

§ 3

In der Übung 8 finden Sie einige Steigerungsformen, z. B. **una finestra più grande** *(ein größeres Fenster)*.

Den Komparativ bildet man im Italienischen so:
meno + Adj. **meno grande** *(weniger groß)*
più + Adj. **più grande** *(größer)*

Der Superlativ wird so gebildet:
bestimmter Artikel + (Substantiv) + **più** + Adj. + **di …**
la (stanza) più bella della casa

Um eine Steigerung auszudrücken, kann man sagen:
molto + Adj. **molto luminosa**
oder
Stamm des Adjektivs + **issimo/-a/-i/-e** **luminosissimo/-a/-i/-e**

Schreiben Sie den Komparativ und den Superlativ von **piccolo** *(klein)* in die Lücken.

1. ________________ *(kleiner)*
2. ________________ *(weniger klein)*
3. _____ balcone _____ ______________ della casa. *(Der kleinste Balkon des Hauses.)*
4. ______________ / ______________ *(sehr klein)*

14 1 TR28

Hören Sie sich jedes Wort an und achten Sie insbesondere auf die Laute **sc** und **sg**. Schreiben sie dann die Wörter in die entsprechende Spalte.

sc	sg

sgabello – riscaldamento – scrivania – schermo del computer / del televisore – sgabuzzino – scarpiera – scivolo – sgelare – sghiacciare

15 1 TR29

Sie haben sicher schon gemerkt, dass die Regeln, die für **sc** und **sg** gelten, auch für **c** und **g** (und auch für **ch** und **gh**) gelten. Hören Sie sich die Wörter an und schreiben Sie sie in die entsprechende Spalte mit hartem bzw. mit weichem Laut. Wenn Sie wollen, können Sie die Wörter und ihre Übersetzungen im Anhang nachlesen.

hart	weich

scivolo, chiave, Ungheria, nascita, luogo, lingua, amiche, amici, celibe, cento, sedici, chi, ungherese, mi scusi, piscina, chiodo, gelato, giovane, gnocchi, spaghetti

Wortschatz

mi sa dire –
können Sie mir bitte sagen ...
come – wie
arrivare – *hier:* kommen
alla stazione – zum Bahnhof
per – um ... zu
andare – gehen
deve (Lei) – Sie müssen
seguire – folgen
questa strada – diese Straße
fino al terzo incrocio –
bis zur dritten Kreuzung
girare a destra – rechts abbiegen
in un viale – in einer Allee
sempre d(i)ritto – immer geradeaus
attraversare – überqueren
un parco – ein Park
passare davanti a –
an etw. vorbeigehen
una chiesa – eine Kirche

1 TR 30

Paolo fragt nach dem Weg zum Bahnhof. Hören Sie, wie ein Fußgänger den Weg beschreibt. Diesen können Sie auf dem Bild verfolgen.

Lesen Sie sich die einzelnen Wörter durch. Welche davon konnten Sie im Dialog heraushören? Kreuzen Sie sie an.

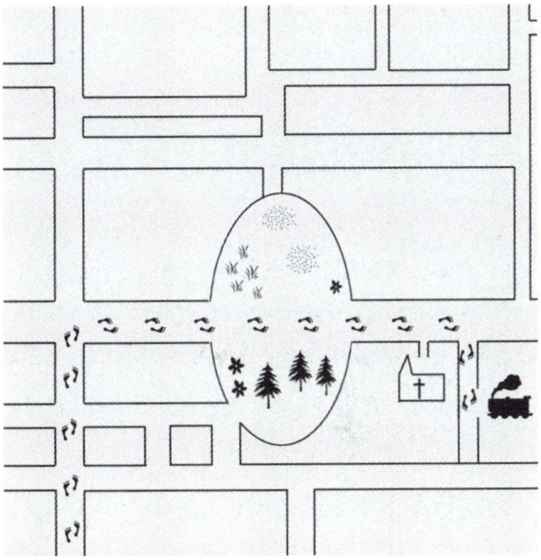

- ☐ 1. la strada
- ☐ 2. il semaforo
- ☐ 3. l'incrocio
- ☐ 4. il viale
- ☐ 5. il ponte
- ☐ 6. il parco
- ☐ 7. la piazza
- ☐ 8. girare a sinistra
- ☐ 9. a sinistra
- ☐ 10. l'ufficio informazioni

2

TR 31

Hier finden Sie kleine Ausschnitte aus der Wegbeschreibung. Hören Sie sich die Begriffe an und versuchen Sie, die Bedeutungen anhand der Illustrationen zu erraten. Schreiben Sie die Buchstaben der jeweiligen Begriffe in die passenden Kästchen bei den Bildern.

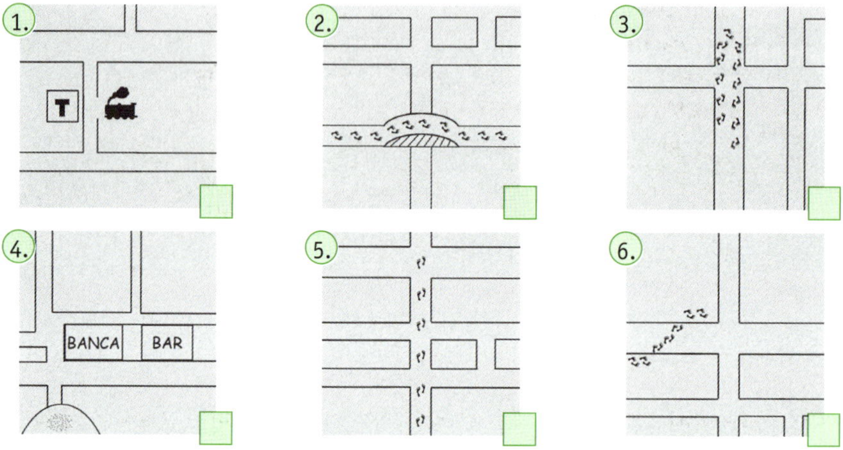

a. andare diritto b. vicino a *(in der Nähe von)* c. di fronte a *(gegenüber)*
d. attraversare la strada *(Straße)* e. tornare indietro *(umdrehen)*
f. attraversare il ponte *(Brücke)*

3

Sie sehen hier, wie man nach dem Weg fragen und ihn beschreiben kann. Ordnen Sie die Antworten auf der rechten Seite den Fragen auf der linken Seite zu.

1. Mi scusi, mi può dire dove si trova il teatro dell'opera *(Opernhaus)*?
2. Scusa, sai dov'è la fermata dell'autobus *(Bushaltestelle)*?
3. Mi scusi, cerchiamo l'ospedale *(Krankenhaus)*.
4. Mi scusi, sa mica se c'è un albergo qui vicino?

a. L'ospedale è di fronte alla stazione.
b. Deve passare davanti alla chiesa, lì vicino c'è il teatro dell'opera.
c. Sì sì, proprio qui vicino, prenda la prima strada a destra.
d. Mi dispiace, ma qui non ci sono fermate dell'autobus.

4

§ 6

Wenn Sie jemanden nach dem Weg fragen, können Sie auch das Verb **cercare** verwenden:
Mi scusi, **cerchiamo** l'ospedale. – *Entschuldigen Sie, wir suchen das Krankenhaus.*

Bei Verben auf **-care** (**cercare**) und auf **-gare** (**pagare**), die ein **c** oder **g** vor der Endung haben, wird die Aussprache von **c** und **g** als harte Laute immer beibehalten.
Zur Kennzeichnung der Aussprache wird vor den Endungen **-i** und **-iamo** ein **h** geschrieben. Schreiben Sie die korrekten Formen in die Lücken.

	tu	**noi**
cercare *(suchen)*:		cer**ch**iamo
pagare *(bezahlen)*:	pa**gh**i	

5

§ 6 § 19

Um einen Weg zu beschreiben, verwendet man häufig das Verb **dovere** *(müssen/sollen)*. Lesen Sie die Verbformen im Schaubild. Ergänzen Sie dann die folgenden Wegbeschreibungen, indem Sie die richtigen Formen von **dovere** in die Lücken schreiben.

1. ____________ (tu) andare sempre dritto fino alla farmacia Andreoli.
2. ____________ (lei) girare a destra.
3. ____________ (voi) attraversare la strada e girare a sinistra.
4. ____________ arrivare ad una grande piazza e lì troviamo un bar.
5. Mi scusi, ____________ (io) andare all'aeroporto.
6. ____________ (loro) andare alla stazione e cercano un taxi.

io **devo**
tu **devi**
lui/lei **deve**
noi **dobbiamo**
voi **dovete**
loro **devono**

6

§ 8

Für Wegbeschreibungen brauchen Sie häufig den Imperativ. Lesen Sie die Sätze und versuchen Sie die Tabelle zu ergänzen.

1. Scusa, cerco una banca *(Bank)*. – Prendi la prima strada a destra.
2. Per favore, mi sa dire dov'è la posta *(Post)*? – Prenda la seconda a sinistra.
3. Camminate lungo questo viale e proseguite fino ad uno Stop *(Stoppschild)*.

	-are	-ere	-ire
	camminare	**prendere**	**proseguire** *(weitergehen)*
tu	Cammina!	______________!	______________!
Lei	Cammini!	______________!	Prosegua!
noi	Camminiamo!	______________!	Proseguiamo!
voi	______________!	Prendete!	______________!

Ergänzen Sie die Regeln:

1. Die Imperativformen der 2. Person ______________ und ______________ und der 1. Person ______________ sind mit den entsprechenden Präsensformen identisch – mit einer Ausnahme: Der Imperativ der ______________ Person Singular hat bei den Verben auf **-are** die Endung **-a**.
2. Beim Imperativ der Höflichkeitsform *(Lei)* haben die Verben auf **-are** die Endung -________; Die Verben auf **-ere** und **-ire** hingegen die Endung -________.

7 1 TR32

Lesen Sie die Infinitive und sprechen Sie die Imperativformen in der 2. Person Singular und in der Höflichkeitsform aus. Vergleichen Sie dann Ihre Antworten mit der Aufnahme.

tornare indietro

chiedere informazioni

seguire le indicazioni stradali (den Verkehrsschildern folgen)

attraversare la strada

girare a destra

Wortschatz

lontano – weit
ci vogliono – es dauert
minuti – Minuten
a piedi – zu Fuß
andare – gehen
stanca – müde
in autobus – mit dem Bus
la linea – Linie
quanto tempo – wie lange
ci mettiamo – wir brauchen *(Zeit)*
La ringrazio – ich danke Ihnen
buona giornata – schönen Tag
di niente – keine Ursache
buona permanenza – angenehmen Aufenthalt
lì – dort
Eccolo! – Da ist er!

8 1 TR 33

Federica und Angela sind zum ersten Mal in Genua. Am Hauptbahnhof schauen Sie sich den Stadtplan an und überlegen, wie sie ins Zentrum kommen. Dann fragen sie einen Passanten nach den Buslinien. Hören Sie sich den Dialog an und beantworten Sie die Frage auf Italienisch:

Gehen Federica und Angela zu Fuß oder fahren sie mit dem Bus ins Zentrum?

___

9

§ 6

Wenn man von Verkehrsmitteln spricht, verwendet man häufig die Verben **salire** *(einsteigen)* und **andare** *(gehen/fahren)*. Beide Verben sind unregelmäßig. Lesen Sie die Sätze und ergänzen Sie die fehlenden Verbformen.

1. Vado in centro a piedi.
2. Vai in banca?
3. Andiamo alla posta.
4. Antonio e suo fratello salgono sul treno *(Zug)*, per Livorno.
5. Salite sulla nave *(Schiff)* o no? La nave parte fra 5 minuti!

	andare	salire
io		**salgo**
tu		**sali**
lui/lei	**va**	**sale**
noi		**saliamo**
voi	**andate**	
loro	**vanno**	

Lesen Sie über die Präpositionen **in** und **su**, die mit dem bestimmten Artikel verbunden werden, in der Grammatik nach.

10 1 TR 34

§ 13

Bei Verkehrsmitteln wie **macchina** *(Auto)*, **tram** *(Straßenbahn)*, **treno** *(Zug)*, **aereo** *(Flugzeug)*, **bicicletta** *(Fahrrad)*, **barca** *(Boot)* und **nave** *(Schiff)* verwendet man gewöhnlich die Präposition **in** oder **su**.

Hören Sie sich die Sätze an und schreiben Sie die Präposition **in** bzw. **su** und die gehörten Verkehrsmittel in die Lücken. Achten Sie auf die Imperativformen!

1. Vengo ____________________.
2. Andiamo ____________________.
3. Sali ____________________!
4. Vieni ____________________?
5. Andate spesso ____________________?
6. Vengono ____________________.

11

Bei Angaben zur Zeitdauer verwendet man **ci vuole** *(man braucht)* im Singular bzw. **ci vogliono** im Plural. Will man sagen, wer (Person oder Verkehrsmittel) die entsprechende Zeit benötigt, verwendet man das Verb **metterci.** In Verbindung mit Verkehrsmitteln wird anstelle von **metterci** auch **impiegare** verwendet.

Kreuzen Sie den jeweils richtigen Ausdruck an.

1. Il treno ... due ore.
   - a. ci vuole
   - b. ci vogliono
   - c. impiega

2. Io in macchina ... mezz'ora.
   - a. ci metto
   - b. ci vuole
   - c. ci vogliono

3. Con l'Intercity ... solo un'ora.
   - a. ci vuole
   - b. ci mette
   - c. ci vogliono

4. Voi quanto ... per arrivare in centro?
   - a. ci mette
   - b. ci mettete
   - c. ci mettiamo

5. In aereo ... pochissimo.
   - a. ci vuole
   - b. ci vogliono
   - c. impiega

6. L'aereo ... molto meno.
   - a. ci vogliono
   - b. ci vuole
   - c. impiega

12 1 TR35

§ 5

Die Pronomen **lo, la, li, le** können an **ecco** *(hier, da)* angehängt werden:

Oh, **il** bus numero cinque è lì. Ah sì, ecco**lo**!
Oh, **la** nostra macchina è lì. Ah sì, ecco**la**!
Oh, **i** nostri biglietti *(Tickets)* sono qui! Ah sì, ecco**li**!
Oh, **le** nostre biciclette sono qui! Ah sì, ecco**le**!

Beantworten Sie die Fragen mit **ecco + lo / la / li / le**. Vergleichen Sie dann Ihre Antworten mit der Aufnahme.

1. Dov'è la mia macchina?
2. Vedi il nostro treno?
3. E i vostri abbonamenti *(Monatskarte)* del tram?
4. Dove sono le moto *(Motorräder)* di Marco e Antonio?

13 TR 36

Achten Sie auf die Aussprache von **sp** und **st**!
Hören Sie sich die Wörter an. Alle Wörter kennen Sie aus dieser Lektion. Schreiben Sie sie in die entsprechende Tabelle.

s + p	s + t

14 TR 37

Übernehmen Sie im folgenden Dialog Federicas Rolle. Wenn Sie bereit sind, starten Sie Track 37 und beginnen mit Federicas erstem Satz, da die Zeit, bis Angela spricht, begrenzt ist. Viel Spaß! Den ganzen Dialog können Sie auf Track 33 hören.

Federica: Finalmente siamo a Genova!
Angela: Eh sì!
Federica: Allora, vediamo sulla cartina se il centro è lontano dalla stazione.
Angela: Forse sì.
Federica: Ma no, ci vogliono al massimo venti minuti a piedi.
Angela: Ma io sono stanca!
Federica: Va bene, allora andiamo in autobus.
Angela: Mi scusi, mi sa indicare un bus per il centro?
un passante: Certo. Le linee 2, 3, 5 e 10 vanno in centro.
Angela: Quanto tempo ci mettiamo in autobus?
un passante: Cinque minuti, non è lontano. Sono solo due fermate.
Angela: Ok. La ringrazio e buona giornata.
un passante: Di niente e buona permanenza qui a Genova!
Federica e Angela: Grazie.
…
Angela: Oh, il bus numero cinque è lì.
Federica: Ah si, eccolo!
Angela: Saliamo!

Wortschatz

fare – machen
lavorare – arbeiten
l'insegnante – Lehrer, -in
il medico – Arzt
il direttore della reception – Empfangschef
la casalinga – Hausfrau
la hostess – Flugbegleiterin
viaggiare – reisen
il tennista – Tennisspieler
giocare – spielen
il lavoro – Arbeit
disoccupato – arbeitslos
trovare – finden
diventare – werden
capo di me stesso – mein eigener Chef
fondare – gründen
la ditta – Firma
mettermi in proprio – selbstständig sein

1 (1) TR 38

Andrea und Gianni aus Bologna haben sich und einige ihrer Freunde seit Langem nicht mehr gesehen. Sie unterhalten sich über ihre Berufe und Arbeitsplätze. Hören Sie sich den Dialog an. Lesen Sie den Dialog im Anhang und beantworten Sie die Fragen mündlich und schriftlich.

1. Was sagt Gianni, wenn er nach dem Beruf von Cinzia fragt?

   ___

2. Welche Formen benutzen Andrea und Gianni, um den Beruf zu bezeichnen, den sie oder Freunde ausüben?

   ___

3. Was fragt Andrea, wenn er wissen will, was Gianni arbeitet?

   ___

2 ① TR 39

Hören Sie sich die italienischen Berufsbezeichnungen an. Können Sie die Übersetzung mit Hilfe der Fotos erraten? Versuchen Sie auch, die Wörter laut nachzusprechen. Schreiben Sie dann die Buchstaben der Berufsbezeichnungen in die Kästchen der entsprechenden Bilder.
Achtung: Eine Berufsbezeichnung bleibt übrig!

1.

2.

3.

4.

5.

6.

7.

8.

a. il cameriere b. l'animatrice c. il medico
d. la commessa e. l'autista di autobus f. il poliziotto
g. la guida turistica h. la hostess i. il tassista

3 ① TR 40

§ 6

Hören Sie sich den Text an und ergänzen Sie die fehlenden Formen von **fare** in der Tabelle.

fare			
io		noi	**facciamo**
tu	**fai**	voi	**fate**
lui / lei		loro	

Sie können den Text im Anhang nachlesen.

4

Ordnen Sie den Sätzen ihre richtige Übersetzung zu.

1. Buongiorno, mi chiamo Elvio. Io non lavoro, sono pensionato.
2. Mi chiamo Giulia, lavoro come fotografa per una rivista di moda.
3. Sono Elena, ho 23 anni, faccio la tennista.
4. Mi chiamo Anna e sono la donna di servizio della signora Elisa.

a. *Ich heiße Anna und bin die Haushaltshilfe von Frau Elisa.*
b. *Guten Tag, ich heiße Elvio. Ich arbeite nicht, ich bin Rentner.*
c. *Ich heiße Giulia, ich arbeite als Fotografin bei einer Modezeitschrift.*
d. *Ich bin Elena, ich bin 23, ich bin Tennisspielerin.*

5 1 TR 41

Wo arbeiten diese Leute? Hören Sie sich die Sätze an und schreiben Sie die Buchstaben der Bezeichnungen in die entsprechenden Kästchen bei den Bildern.

1. 

2. 

3. 

4. 

5. 

6. 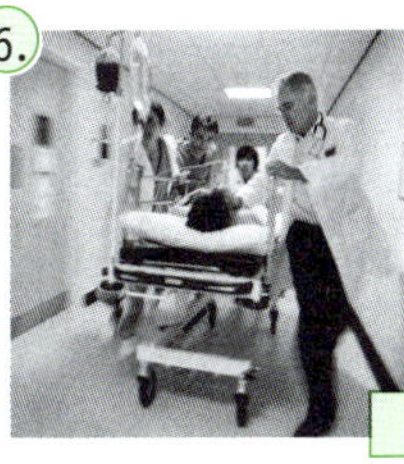

a. il barista – il bar b. l'impiegato – l'ufficio c. la farmacista – la farmacia
d. il medico – l'ospedale e. l'hostess – l'aereo f. la donna di servizio – l'albergo

6 1 TR 42

Hören Sie sich die Paare von Berufsbezeichnungen an. Wie werden die weiblichen Formen gebildet? Schreiben Sie die untenstehenden männlichen Formen mit den entsprechenden weiblichen Formen in die richtigen Notizzettel.

1. *il cantante – la cantante*

2. *l'autore – l'autrice*

3. *l'impiegato – l'impiegata*

4. *lo studente – la studentessa*

a. il dottore b. il segretario c. l'attore d. il giornalista
e. il professore f. il rappresentante g. il cliente h. il farmacista
i. il maestro j. l'investigatore k. l'animatore

Ergänzen Sie nun die Regeln.

Berufsbezeichnungen haben eine männliche Form auf **-o** bzw. **-e** und eine weibliche Form auf -______. Es gibt aber Sonderfälle:

Bezeichnungen auf **-tore** haben in der Regel eine weibliche Form auf -______.

Die Bezeichnungen **professore**, ________________ und ________________ haben eine weibliche Form auf **-essa**. Bei den Bezeichnungen auf **-ista**, **-ante** und -______ ist die männliche und weibliche Form identisch.

Wortschatz

la formazione scolastica – Schulbildung
la scuola elementare – Grundschule
la scuola media – Mittelschule
il liceo linguistico – neusprachliches Gymnasium
la laurea – *hier:* Magister
le conoscenze linguistiche – Sprachkenntnisse
giapponese – Japanisch
il soggiorno all'estero – Auslandsaufenthalt

7

Paola hat ihr Studium abgeschlossen und sucht eine Arbeitsstelle. Lesen Sie Ihren Lebenslauf.

CURRICULUM VITAE

Nome	Paola Capitani
Data e luogo di nascita	20.09.1979, Firenze
Cittadinanza	italiana
Indirizzo	Via degli Oleandri, 137, 50100 Firenze
Telefono, e-mail	+39 3405 63 29 81, paolacap@virgilio.it

Formazione scolastica
Scuola Elementare Statale "Vittorio Veneto" (Firenze)
Scuola Media Statale Botticelli-Puccini (Firenze)
Liceo Linguistico G. Pascoli (Firenze) (voto 100/100)
Lingue e Culture del Vicino e Medio Oriente presso l'Università di Pisa
Laurea con voto: 110/110 e lode

Conoscenze linguistiche

inglese	buona conoscenza della lingua
arabo	ottima conoscenza della lingua
giapponese	ottima conoscenza della lingua

Soggiorni all'estero

Inghilterra	Corso di lingua presso la *Kent School of English* a Broadstairs
Giappone	anno di studio presso l'Università di Tokio

Esperienze lavorative
Collaboratrice presso la Biblioteca della Facoltà di Lettere di Pisa

Firenze, 31 agosto 2007 *Paola Capitani*

8

Das Schulsystem in Italien sieht eine Schulpflicht von 6 bis 15 Jahren sowie eine Pflicht zur Teilnahme an Ausbildungsmaßnahmen bis zum vollendeten 18. Lebensjahr vor. Es ist in ganz Italien einheitlich. Der Schulbesuch in der Pflichtschule ist kostenlos. Lesen Sie die Tabelle.

Alter	Schule	Dauer
3 – 6	Scuola Materna *(Kindergarten)*	3 Jahre
6 – 11	Scuola elementare *(Grundschule)*	5 Jahre
11 – 14	Scuola Media *(Sekundarstufe I)*	3 Jahre
14 – 19	Istituto professionale *(Berufsfachschule)*	3 (+ 2) Jahre
	Istituto Tecnico *(Berufliches Gymnasium)*	5 Jahre
	Liceo *(Gymnasium)*	5 Jahre
ab 19	Università *(Universität)*	

Nach der **Scuola Media**, also mit 14 Jahren, müssen sich die italienischen Schüler für eine bestimmte höhere Schullaufbahn (**Istituto professionale, Istituto Tecnico, Liceo**) entscheiden. Dabei spielt es keine Rolle, welche Schule besucht wird: alle können die **maturità** *(Abitur)* erreichen, und dann, wenn sie wollen, an der Universität studieren.

9

Ordnen Sie die Antworten rechts den Fragen links zu.

1. Che scuola frequenta *(besucht)* Carla?
2. Cosa studia *(studiert)* tuo figlio?
3. Cosa vorrebbe studiare tua figlia?
4. Cosa vorresti diventare *(werden)*?
5. Mio nipote ha quattro anni.

a. Studia economia.
b. Vorrei diventare avvocato.
c. Medicina. Vorrebbe fare il medico.
d. Frequenta il liceo scientifico *(Naturwissenschaftliches Gymnasium)*.
e. Ah, quindi va alla scuola materna!

10

Die meisten Adjektive stehen im Normalfall *nach* dem Substantiv. Nationalbezeichnungen werden immer nachgestellt. Einige häufig gebrauchte Adjektive wie **bello, piccolo, vecchio, breve, buono, grande, giovane, lungo, brutto, bravo** stehen gewöhnlich *vor* dem Substantiv.

Schreiben Sie die in Klammern stehenden Adjektive in die Lücken. Die Adjektive müssen entweder vor oder nach dem Substantiv stehen: Eine Lücke pro Satz bleibt also immer leer!

1. Clara è una ____________ studentessa ____________. (brava)
2. Antonio è un ____________ ragazzo ____________. (bel)
3. Il signor Pace è un ____________ medico ____________. (gentile)
4. Lui è un ____________ giornalista ____________. (francese)
5. La professoressa Bellavia è una ____________ insegnante ____________ di tedesco. (buona)

11

Lesen Sie die Fragen und kreuzen Sie die passenden Antworten an.

1. Conosce un buon avvocato?
   - ☐ a. Sì, il Signor Franchini.
   - ☐ b. Sì, faccio la hostess.
   - ☐ c. Sono insegnante.

2. Lei è medico?
   - ☐ a. Sì, sono maestro di scuola elementare.
   - ☐ b. No, non sono pensionato.
   - ☐ c. Sì, lavoro in un piccolo ospedale privato qui vicino.

3. Le piace il suo lavoro?
   - ☐ a. No, fare la segretaria è stressante.
   - ☐ b. Sono studente americano.
   - ☐ c. Lavoro in ospedale.

4. Lavora in Spagna?
   - ☐ a. Sì, insegno italiano a Madrid.
   - ☐ b. Studio giornalismo.
   - ☐ c. È una studentessa diligente.

12 TR 43

Die Buchstabenfolge **gl** entspricht einem mouillierten **l**, wie etwa in *bri**ll**ant* und *Fo**lie***.
Die Buchstabenfolge **gn** entspricht einem mouillierten **n**, etwa wie in *Ko**gn**ak*.
Hören Sie sich die Wörter auf der CD an und schreiben Sie sie in die richtige Tabellenspalte.

gn	gl

ingegnere insegnante io voglio ci vogliono due ore luglio biglietto bagno famiglia signora signore ho voglia di andare al cinema stasera

13 TR 44

Hören Sie sich die folgenden Sprichwörter mehrmals an und lesen Sie sie laut. Unterstreichen Sie die Wörter, die die Laute **gn** bzw. **gl** enthalten. Betrachten Sie die Sätze als reine Ausspracheübung. Sie müssen nicht jedes Wort verstehen, sondern sollten ganz einfach die italienische Sprache ins Ohr bekommen.

1. Neve in montagna, freddo in campagna.
   (Schneit's in den Bergen, wird's kalt auf dem Lande.)
2. A chi d'aprile pota la vigna, la vendemmia sarà matrigna.
   (Schneidest du im April den Wein, wird die Ernte sehr schlecht sein.)
3. A novembre con le foglie cadon via capelli e voglie.
   (Im November fallen mit den Blättern auch die Haare und die Lust.)
4. Moglie e buoi dei paesi tuoi. *(wörtlich: Frau und Rinder aus dem eigenen Land. d. h. Schuster, bleib bei deinen Leisten.)*
5. Meglio tardi che mai. *(Besser spät als nie.)*
6. Figli piccoli, guai piccoli, figli grandi, guai grandi.
   (Kleine Kinder, kleine Sorgen, große Kinder, große Sorgen.)

1

Spielen Sie Rebus! Schreiben Sie die Sätze neu, indem Sie die Bilder mit den entsprechenden Bezeichnungen ersetzen.

1. La  ___________ ha tre stanze da  ___________.

2. Il  ___________ e la  ___________ sono a  ___________.

3. A  ___________ c'è il  ___________ con il  ___________.

4. Che bel  ___________!

2

Verbinden Sie durch Linien die Bilder mit ihren entsprechenden Bezeichnungen.

la macchina

il cappello

a. 

b. 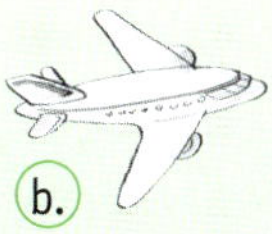

c. 

la nave

la chiave

gli occhiali

d. 

e. 

f. 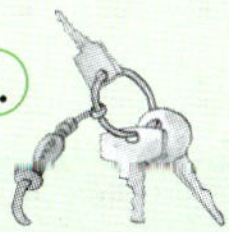

g. 

il gelato

l'aereo

3

Spielen Sie am Spielautomaten! In jedem Feld befinden sich vier Wörter, von denen jeweils eines nicht zu den anderen passt. Lesen Sie die Wörter und unterstreichen Sie das Wort, das nichts mit den anderen zu tun hat.

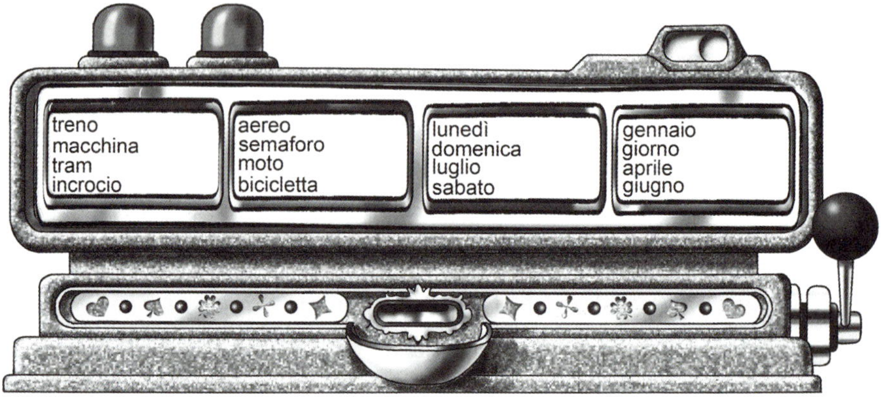

4

Davide Pellegrini lebt in Mailand. Was ist er von Beruf? Streichen Sie alle Buchstaben seines Namens im Buchstabengitter aus. Wenn Sie die übriggebliebenen Buchstaben in die richtige Reihenfolge bringen, wissen Sie, was er arbeitet. Viel Spaß!

E	R	G	N	L
A	D	E	C	I
E	E	M	V	D
L	P	I	R	I
R	A	I	E	E

Wortschatz

Cosa desidera? – Was wünschen Sie?
un chilo di – ein Kilo …
il pomodoro – Tomate
la cipolla – Zwiebel
l'aglio – Knoblauch
un chilo e mezzo – eineinhalb Kilo
l'arancia, le arance – Orange(n)
Ecco a Lei. – Hier bitte.
la pera – Birne
Sono 4.20 Euro. –
Das macht 4,20 Euro.

1

2 TR 01

Eine Kundin kauft auf dem Markt ein. Hören Sie sich den Dialog aufmerksam an. Ergänzen Sie anschließend den Einkaufszettel.

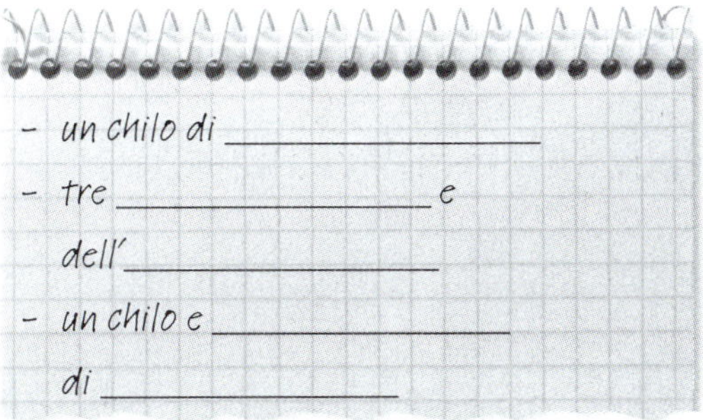

2

§ 6

Ordnen Sie der Tabelle zu, was der Verkäufer und was der Kunde sagt. Schreiben Sie dafür die Buchstaben, die vor den Ausdrücken stehen, in die entsprechende Tabelle.

Verkäufer	Kunde

a. **No grazie, va bene così.** – *Nein, danke. Das ist alles.*
b. **Cosa desidera?** – *Was möchten Sie?/Was darf es sein?*
c. **Mi dia/Vorrei un chilo di pomodori …** – *Geben Sie mir bitte/ Ich möchte ein Kilo Äpfel.*
d. **Ancora qualcos'altro?/Altro?/Basta così?** – *Darf es noch etwas sein?*
e. **Quant'è?/Quanto costa?** – *Wie viel kostet das?*

3 TR 02

Schauen Sie sich die Obstsorten an. Hören Sie sich die Obstbezeichnungen an und schreiben Sie die Buchstaben in die entsprechenden Kästchen.

1. 
2. 
3. 
4. 
5. 
6. 
7. 
8. 

a. la pera, le pere b. il limone, i limoni c. l'uva
d. la banana, le banane e. il melone, i meloni f. la fragola, le fragole
g. il mandarino, i mandarini h. la ciliegia, le ciliegie

4 TR 03

Ordnen Sie die Antworten rechts den entsprechenden Fragen zu. Sprechen Sie die kleinen Dialoge nach und hören Sie auf der CD die Lösung an.

1. Quanto costano i peperoni?
2. Quant'è?
3. Qualcos'altro?
4. Le mele sono buonissime. Ne vuole un chilo?
5. Cosa desidera?

a. Sono due euro e venti in tutto.
b. No, grazie, è tutto.
c. I peperoni costano un euro e trenta al chilo.
d. Un chilo di pere, per favore.
e. Sì, allora mi dia un chilo di mele, per favore.

5 TR 04

Hören Sie sich die Gemüsesorten auf Italienisch an und schreiben Sie die Buchstaben in die entsprechenden Kästchen. Die Reihenfolge der Aufnahme entspricht den Bezeichnungen unter dem Bild.

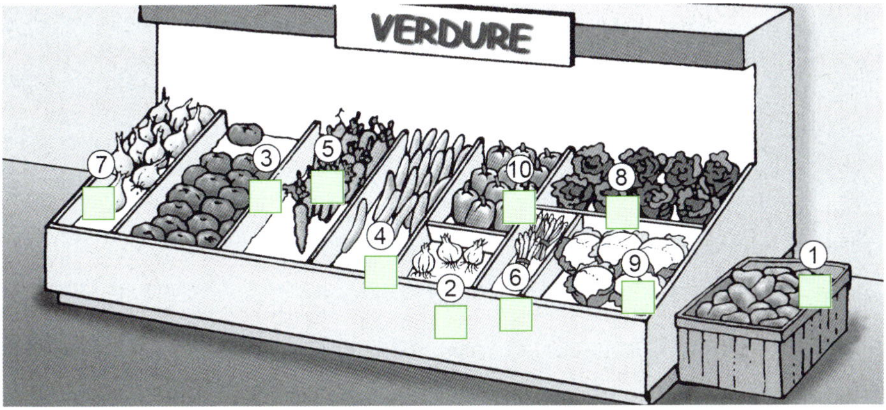

a. Zwiebeln b. Spargel c. Karotten d. Paprika e. Kopfsalat
f. Gurken g. Kartoffeln h. Tomaten i. Blumenkohl j. Knoblauch

6

Wenn man einkaufen oder essen geht, verwendet man häufig Mengenangaben und Maßeinheiten: **grammo** *(Gramm)*, **mezzo chilo** *(Pfund)*, **chilo** *(Kilo)*, **bicchiere** *(Glas)*, **pacco** *(Päckchen)*, **etto** *(hundert Gramm)*, **litro** *(Liter)*, **bottiglia** *(Flasche)*. Lesen Sie die Sätze.

1. Mi dia mezzo chilo di ciliegie.
2. Mi dia due etti di prosciutto *(Schinken)*.
3. Vorrei un litro di latte fresco *(frische Milch)*.
4. Luca vorrebbe un bicchiere di acqua minerale *(Mineralwasser)*.
5. Per favore, potresti passarmi la bottiglia di vino *(Wein)*?

Welche Präposition benutzt man im Italienischen nach Mengenangaben und Maßeinheiten?

____

7

§ 1

§ 13

Wenn man keine bestimmte Menge oder Anzahl angeben will, verwendet man **di** mit dem bestimmten Artikel. Schauen Sie sich die Formen an.
Kreuzen Sie die richtigen Antworten an.

Lesen Sie Einzelheiten zum Teilungsartikel und anderen Präpositionen mit Artikel in der Grammatik nach.

Singular	Plural
di + il = **del**	di + i = **dei**
di + la = **della**	di + gli = **degli**
di + l' = **dell'**	di + le = **delle**

1. Compra ... latte.
   - a. del
   - b. della
   - c. dell'

2. Mangiamo ... pesce stasera?
   - a. del
   - b. delle
   - c. dei

3. Volete ... pasta?
   - a. del
   - b. della
   - c. dell'

4. Devo comprare ... uva.
   - a. del
   - b. della
   - c. dell'

5. Mi dia ... asparagi, per favore?
   - a. del
   - b. degli
   - c. dell'

6. Vorrei ... patate, per favore.
   - a. del
   - b. delle
   - c. dei

8

Schreiben Sie die Wörter in die richtigen Lücken.

1. Compra del ____________________!
2. Dello ____________________, per favore!
3. Volete delle ____________________?
4. Vuoi della ____________________?
5. Vuole degli ____________________?
6. Mangiate dei ____________________! Sono buoni!

funghi (Pilze)
involtini (Rouladen)
zucchero (Zucker)
frutta (Obst)
pane (Brot)
fragole

Wortschatz

il menu – Speisekarte
il primo piatto – Vorspeise
di secondo – als Hauptspeise
l'arista di maiale – Schweinerücken
la carne – Fleisch
prendere – nehmen
l'insalata mista – gemischter Salat
di contorno – als Beilage
l'antipasto – Vorspeise
le verdure sott'olio – eingelegtes Gemüse
da bere – zu trinken
un vino rosso secco – ein trockener Rotwein
portare – bringen
squisite – lecker
assaggiare – probieren
il conto – Rechnung

9 2 TR 05

Mauro und Francesca sind im Restaurant **La piazzetta**. Der Kellner nimmt ihre Bestellung auf. Hören Sie sich den Dialog an und entscheiden Sie sich, ob die Sätze richtig oder falsch sind.

	richtig	falsch
1. Francesca will heute kein Fleisch.		
2. Francesca nimmt nur Lasagne al pesto.		
3. Mauro nimmt einen Rotwein, eingelegtes Gemüse und Schweinerücken.		
4. Die Lasagne schmeckt lecker.		
5. Mauro nimmt auch einen Espresso.		
6. Francesca nimmt keinen Nachtisch.		

10 TR 06

Schauen Sie sich die Speisekarte an und hören Sie dazu die Aufnahmen. Achten Sie auf die Aussprache einiger Spezialitäten. Unterstreichen Sie die Wörter, die Sie hören.

~ RISTORANTE LA PIAZZETTA ~

Antipasti
Verdure sott'olio
Prosciutto e melone
Salumi misti

Carne
Scaloppine al limone
Arista di maiale
Cotoletta alla milanese
Anatra arrosto

Primi piatti
Tagliatelle al ragù
Lasagne al pesto
Ravioli di magro
Risotto ai funghi

Secondi piatti
Pesce
Orata alla griglia
Frittura mista

Bevande
Vino rosso / rosé / bianco
Acqua minerale frizzante / naturale

Contorni
Insalata
Verdure miste
Patatine fritte

Dessert
Gelato misto
Tiramisù
Macedonia di frutta

11

Bekommen Sie etwas zu essen oder zu trinken angeboten?

	essen	trinken
1. Prende un caffè?		
2. Vuole un tiramisù o un gelato?		
3. Le porto del vino?		
4. Prende del pesce?		
5. Per contorno desidera un'insalata?		
6. Vuole dell'acqua naturale?		

12

Sie möchten im Restaurant etwas zu essen und trinken bestellen. Was sagen Sie? Kreuzen Sie die richtige Aussage an.

1. Sie möchten wissen, was der Kellner empfiehlt.
   - a. Cosa ci consiglia?
   - b. Cosa desidera?
   - c. Vuole un vino bianco.

2. Sie möchten einen Salat als Beilage bestellen.
   - a. Come contorno prendo un'insalata.
   - b. Come primo prendo un'insalata.
   - c. Vorrei un antipasto.

3. Sie bitten den Kellner die Rechnung zu bringen.
   - a. Quanto costa una bottiglia di vino bianco?
   - b. Mi porta il conto, per favore?
   - c. Vorrei un caffè macchiato.

4. Sie möchten einen Nachtisch bestellen.
   - a. Come dessert vorrei un tiramisù.
   - b. Per me niente dessert, grazie.
   - c. Preferisco una frittura di pesce.

13 2 TR07

§ 5

Hören Sie sich die drei Sätze an und entscheiden Sie, in welcher Form die Person bzw. Personen angesprochen werden? Mit **tu, Lei** oder **voi**? Kreuzen Sie an.

	tu	Lei	voi
Satz 1			
Satz 2			
Satz 3			

14 2 TR 08

Das italienische **r** wird im vorderen Gaumenbereich gebildet. Dabei vibriert die Zungenspitze am vorderen Gaumen oberhalb der Schneidezähne. Dieses „gerollte r" erfordert ein wenig Übung. Hören Sie sich die Wörter an und sprechen Sie sie nach.

ristorante, cameriere, carne, verdure, prendere, vorrei,
primo piatto, per favore, tiramisù, contorno

15 2 TR 09

Hören Sie sich die Zungenbrecher an und versuchen Sie sie nachzusprechen.
Viel Spaß!

Una rara rana bianca
una sera errò un po' stanca;
una rara rana nera
sulla rena errò una sera.

Ein seltsamer weißer Frosch
wanderte eines Abends müde umher;
Ein seltsamer weißer Frosch
wanderte eines Abends auf dem Sand umher.

Trentatré trentini entrarono
trotterellando a Trento
tutti e trentatré trotterellando.

Dreiunddreißig Trentiner kamen
trippelnd nach Trient,
Alle dreiunddreißig trippelnd.

Wortschatz

fare domande – Fragen stellen
il tempo libero – Freizeit
l'intervista – Interview
fare / praticare uno sport – Sport machen / treiben
mi piace – mir gefällt, ich mag
nuotare – schwimmen
adorare – lieben
fare immersioni – tauchen
fare surf – windsurfen
giocare a tennis – Tennis spielen
giocare a calcio – Fußball spielen
sciare – Ski fahren
uscire – ausgehen
andare al cinema / in un pub – ins Kino / in eine Kneipe gehen
guardare la TV – fernsehen
dormire – schlafen

1 ② TR 10

Hören Sie das Interview an, in dem Mauro erzählt, welche Freizeitaktivitäten er gerne macht.

Lesen Sie sich die einzelnen Ausdrücke durch. Welche davon konnten Sie im Dialog heraushören? Kreuzen Sie sie an.

- ☐ 1. nuotare
- ☐ 2. fare immersioni
- ☐ 3. fare surf
- ☐ 4. giocare a tennis
- ☐ 5. suonare la chitarra
- ☐ 6. giocare a calcio
- ☐ 7. sciare
- ☐ 8. passeggiare
- ☐ 9. uscire con gli amici
- ☐ 10. andare al cinema
- ☐ 11. fare jogging
- ☐ 12. andare in un pub
- ☐ 13. guardare la TV
- ☐ 14. dormire

2 TR 11

Hören Sie sich die italienischen Bezeichnungen der dargestellten Freizeitaktivitäten an. Schreiben Sie die Buchstaben der Ausdrücke in die Kästchen der entsprechenden Bilder.

1. 

2. 

3. 

4. 

5. 

6. 

7. 

8. 

a. suonare la chitarra　b. giocare a tennis　c. andare al cinema
d. ascoltare la musica　e. telefonare agli amici　f. sciare
g. dormire　h. guardare la televisione

3

§ 21

Bei Infinitivsätzen unterscheidet man Verben, die den Infinitiv entweder mit einer Präposition (**di, a**) oder ohne Präposition anschließen. Lesen Sie die folgenden Sätze und tragen Sie die passenden Infinitive in die Lücken ein.

1. Mi piace ______________ con gli amici. *(Ich gehe gerne mit Freunden aus.)*
2. Anna preferisce ______________ al cinema. *(Anna geht lieber ins Kino.)*
3. Ada finisce di ______________ alle sei. *(Ada hört um sechs Uhr auf zu arbeiten.)*
4. Non ho voglia di ______________ un gelato. *(Ich habe keine Lust ein Eis zu essen.)*
5. Andiamo a ______________. *(Gehen wir schwimmen.)*

nuotare – andare – mangiare – uscire – lavorare

Lesen Sie Einzelheiten zu den Infinitivsätzen in der Grammatik nach.

4 TR 12

Was macht Francesca gerne, und was mag sie nicht? Hören Sie sich an, was Francesca sagt und sortieren Sie danach die Aktivitäten, die sie gerne tut (**mi piace**) bzw. nicht gerne tut (**non mi piace**). Schreiben Sie die Ausdrücke in die richtige Tabellenspalte.

mi piace	non mi piace

a. leggere libri *(Bücher lesen)* b. uscire con gli amici c. andare al ristorante d. andare al cinema e. praticare sport f. andare a teatro *(ins Theater gehen)* g. guardare la televisione h. ascoltare la musica *(Musik hören)* i. viaggiare *(reisen)* j. suonare uno strumento *(ein Instrument spielen)*

5 TR 13

§ 21

Lesen Sie sich die Sätze durch und versuchen Sie danach, die passenden Begriffe in die jeweiligen Lücken zu schreiben. Hören Sie sich dann die Sätze auf der CD an.

1. Nel ________________ adoro ________________ la chitarra.
2. ________________ imparare le lingue.
3. Mi piace molto ________________ al computer e ________________ la televisione.
4. Quando ho un po' di tempo libero ________________ musica classica, vado all'________________ o a teatro.
5. Mi piace molto fare shopping. ________________ tanti abiti e soprattutto scarpe.
6. Il venerdì ________________ di lavorare alle due e vado a giocare a calcio.
7. ________________ le lingue perché adoro ________________.

a. suonare b. viaggiare c. tempo libero d. ascolto e. opera f. mi piace g. imparo *(ich lerne)* h. compro *(ich kaufe)* i. finisco j. guardare k. giocare

6 2 TR 14

§ 6

Um auszudrücken, ob man etwas beherrscht, wird im Italienischen nicht das Verb **potere** *(können)*, sondern das Verb **sapere** *(können, wissen)* verwendet. Hören Sie sich die Sätze an und ergänzen Sie die Verbformen von **sapere**, die rechts im Schaubild stehen.

1. Io ______________ nuotare benissimo.
2. Tu ______________ parlare russo.
3. Lei ______________ suonare il pianoforte *(Klavier)*.
4. Noi ______________ cucinare *(kochen)* bene.
5. ______________ programmare *(programmieren)* bene?
6. ______________ fare tutto.

sappiamo
sai
SAPETE
so
sa
sanno

7

Können Sie kochen? Ski fahren? ... Kreuzen Sie an, was Sie gerne tun.

- cucinare
- nuotare
- sciare
- uscire
- dormire
- viaggiare
- parlare italiano
- giocare a pallavolo
- fare immersioni

8

Chiara und Patrizia unterhalten sich über ihre Freizeit. Die Aussagen und Reaktionen sind jedoch durcheinandergeraten. Können Sie diese ordnen?

1. Patrizia, sai fare immersioni?
2. Adoro andare al mare.
3. Sai suonare uno strumento musicale?
4. Quale sport pratichi?
5. Vieni a sciare domani?
6. Possiamo andare al cinema?

a. Mi piace giocare a tennis.
b. Sì, certo. A che ora?
c. No, non so neanche nuotare, però mi piacerebbe imparare.
d. No, non posso, ho la febbre.
e. Sì, Chiara, so suonare il violino.
f. Che brutto! Al mare ... il mare non mi piace proprio!

Wortschatz

un paio di pantaloni – Hose
la taglia – Größe
il modello – Modell
il colore – Farbe
blu – blau
provare – anprobieren
il camerino – Umkleidekabine
sembrare – *hier:* finden
troppo larghi – *hier:* zu groß
un cardigan – Weste
stretto – eng
la carta di credito – Kreditkarte
in contanti – bar
se è possibile – wenn es möglich ist

9 TR 15

Francesca macht einen Einkaufsbummel in Mailand. Hören Sie sich den Dialog an und beantworten Sie die Frage:

Was kauft Francesca?

10 TR 16

Lesen Sie folgende Sätze und unterstreichen Sie die Farbadjektive mit der entsprechenden Farbe.
Hören Sie sich dann die Sätze auf der CD an.

I limoni sono gialli.
I pomodori sono rossi.
Il cielo *(der Himmel)* è azzurro.
I cetrioli sono verdi.
La neve è bianca.
Il corvo *(der Rabe)* è nero.
Le castagne *(die Kastanien)* sono marroni.
L'elefante è grigio.

Für *blau* gibt es im Italienischen neben **azzurro** noch die Bezeichnung **blu**, womit immer ein eher dunkleres Blau gemeint ist. **Celeste** dagegen bezeichnet ein Himmelblau (das Wort ist mit **cielo** verwandt!). Und wenn jemand von **gli azzurri** spricht, dann meint er die italienische Fußballnationalmannschaft!

11 2 TR 17

Hören Sie sich die italienischen Bezeichnungen für die Kleidungsstücke an.

Können Sie die Bedeutung mit Hilfe der Illustration erraten?

Schreiben Sie die Buchstaben in die entsprechenden Kästchen bei den Kleidungsstücken.

a. l'abito da uomo b. la cintura c. i pantaloni d. la gonna
e. la giacca f. il cappello g. il maglione h. le scarpe

12 2 TR 18

§ 3

Hören Sie sich die Sätze an und schreiben Sie die Grundform der Farbbezeichnungen, die Sie in den Sätzen hören, in die richtigen Notizzettel. Handelt es sich um veränderliche oder unveränderliche Adjektive?

unveränderlich	veränderlich
viola,	azzurro – azzurra,
beige	verde – verdi (pl.)

Sie können die Sätze im Anhang nachlesen.

13

§ 16

Molto *(viel, sehr)*, **tanto** *(viel, sehr)*, **troppo** *(zu viel)* und **poco** *(wenig)* drücken jeweils eine unbestimmte Menge aus, z. B. I pantaloni sono **troppo** larghi. *(Die Hose ist zu groß.)* Wenn sie mit Substantiven benutzt werden, müssen sie mit diesen übereinstimmen, z. B. **molte maglie, pochi pantaloni, troppa roba** *(Kleidung, Sachen)*. Kreuzen Sie die richtige Form an.

1. Mia figlia ha ... vestiti.
   - a. troppi
   - b. poco
   - c. molte

2. Mio marito ha ... camice a quadri.
   - a. troppi
   - b. poche
   - c. molta

3. Ho ... pantaloni a righe.
   - a. molti
   - b. troppo
   - c. poca

4. I tuoi jeans sono ... belli.
   - a. molto
   - b. troppe
   - c. pochi

14

§ 13

Die italienischen Präpositionen wie **di, da, a** etc. werden je nach Gebrauch unterschiedlich übersetzt. Sie finden dazu in der Grammatik eine Übersicht über die wichtigsten Verwendungen. Manchmal ist es aber einfacher und effektiver, ein paar Ausdrücke auswendig zu lernen. Lesen Sie die folgenden Ausdrücke mit den Präpositionen **da, di** und **a**.

la giacca **da 220 euro** *(die Jacke zu 220 Euro)*
una banconota **da 100 euro** *(ein 100-Euro-Schein)*
gli occhiali **da sole** *(die Sonnenbrille)*
le scarpe **da tennis** *(die Tennisschuhe)*
i sandali **di vernice** *(die Lacksandalen)*
un cappotto **di lana** *(ein Wollmantel)*
una camicetta **a righe** *(eine gestreifte Bluse)*
una foto **a colori** *(ein Farbfoto)*

15 TR 19

Die Vokalkombinationen **eu** und **ei** werden wie zwei getrennte Vokale gesprochen. Hören Sie sich die Wörter an und entscheiden Sie, zu welcher Gruppe sie gehören.

eu	ei

a. Europa b. dei c. europeo d. euro e. vorrei
f. eurocity g. preferirei h. bei i. neutrale

16 TR 20

Hören Sie sich die Sätze der Verkäuferin auf der CD 2 Track 20 an und übernehmen Sie in den Pausen Francescas Rolle. Viel Spaß! Den ganzen Dialog können Sie sich noch einmal auf Track 15 anhören.

Commessa: Buongiorno! Cosa desidera?
Francesca: Buongiorno. Vorrei un paio di pantaloni.
Commessa: Che taglia porta?
Francesca: La 42 o la 44, dipende dal modello.
Commessa: E di che colore vorrebbe i pantaloni?
Francesca: Ha qualcosa in blu o in nero?
Commessa: Vediamo ... ho dei pantaloni neri, cosa ne dice?
Francesca: Non so, li posso provare? Dov'è il camerino?
Commessa: Il camerino è là, in fondo al corridoio ...
Francesca: Come Le sembrano? Non sono un po' troppo larghi?
Commessa: Sì, sono un po' larghi.
Francesca: Mi porta una taglia più piccola, per favore?
Commessa: Ma certo! Ecco a Lei! Questa è una 42.

Wortschatz

esservi utile – Ihnen helfen
abbiamo prenotato – wir haben gebucht
la camera doppia con bagno – Doppelzimmer mit Bad
la colazione – Frühstück
il bar – Bar
la cassaforte – Safe
consegnare – abgeben
gli oggetti di valore – Wertgegenstände
i bagagli – Gepäck
la valigia – Koffer
il piano – Etage
l'ascensore – Fahrstuhl
le scale – Treppen
la registrazione – Anmeldung
la chiave – Schlüssel

1 TR 21

Mauro und Francesca sind in Villasimius, ihrem Urlaubsort auf Sardinien, angekommen und checken im Hotel ein.

Hören Sie sich den Dialog an und entscheiden Sie, ob die Aussagen richtig oder falsch sind.

	richtig	falsch
1. Mauro und Francesca haben ein Einzelzimmer gebucht.		
2. Das Frühstück ist um 8 Uhr.		
3. Im Hotel gibt es ein Schwimmbad.		
4. Im Hotel gibt es einen Safe.		
5. Mauro füllt das Anmeldeformular aus.		

2 TR22

Wo soll es dieses Jahr im Urlaub hingehen? Vielleicht mal nach Sardinien? Schauen Sie sich die Katalogseite an. Hören Sie sich die Wörter an und unterstreichen Sie sie. Achtung: Ein Wort steht nicht auf der Katalogseite! Welches?

____

Il vostro viaggio in Sardegna

Costa Rei

Prezzo:

995,- Euro (a persona / in camera doppia con doccia / con colazione)

(camera singola o matrimoniale)

1005,- Euro (a persona / in camera singola con bagno / con colazione)

Mezza pensione: + 150,- Euro a persona

Pensione completa: + 300,- Euro a persona

Hotel Stella Marina ****

Dal 17/08 al 24/08

Trasferimento incluso dall'aeroporto all'albergo

3 TR23

Mauro und Francesca möchten Villasimius und die Umgebung etwas besser kennen lernen. Eine **guida turistica** *(Reiseleiterin)* präsentiert ihnen die Aktivitäten, die angeboten werden.

Hören Sie sich die Aufnahme an. Lesen Sie anschließend die aufgeführten Wörter durch. Hören Sie die Aufnahme noch einmal und kreuzen Sie die Wörter an, die im Text vorhanden sind.

- a. escursioni *(Ausflüge)*
- b. colazione
- c. battello *(Boot)*
- d. modulo di registrazione
- e. chiesa
- f. città *(Stadt)*
- g. castello *(Schloss)*
- h. visita *(Besuch)*
- i. reception
- j. prezzo di andata e ritorno *(Preis für Hin- und Rückfahrt)*

4

§ 9

Das Passato prossimo wird mit *haben* bzw. *sein* und dem Partizip Perfekt des jeweiligen Verbs gebildet. Die meisten Verben bilden das Passato prossimo mit **avere**. Schreiben Sie die Formen von **avere** in die Lücken und lesen Sie dann die Sätze laut.

1. Oggi (io) ____________________ lavorato *(gearbeitet)* molto.
2. Che cosa (tu) ____________________ fatto *(gemacht)* ieri?
3. Che (lui) ____________________ detto *(gesagt)*?
4. (noi) ____________________ prenotato *(gebucht)* una doppia con bagno.
5. (voi) ____________________ dormito *(geschlafen)* bene?
6. Non (loro) ____________________ guardato *(gesehen)* la TV.

5 2 TR 24

§ 9

Verben mit regelmäßigem Partizip Perfekt bilden ihr Partizip wie im Schaubild dargestellt. Schreiben Sie die Partizipien der Verben und vergleichen Sie Ihre Antworten mit der Aufnahme.

1. mangiare ____________________
2. studiare ____________________
3. potere ____________________
4. volere ____________________
5. dovere ____________________
6. finire ____________________
7. proseguire ____________________

Infinitiv:	**-are**	**-ere**	**-ire**
Partizip :	**-ato**	**-uto**	**-ito**

6

Kreuzen Sie die richtige Antwort an.

1. Oggi ho ... la radio.
   - a. ascoltato
   - b. guardato
   - c. visto

2. Domenica abbiamo ... la televisione.
   - a. giocato
   - b. parlato
   - c. guardato

3. Sabato ho ... due ore in piscina.
   - a. nuotato
   - b. sciato
   - c. stata

4. Ieri pomeriggio mia moglie ha ... shopping in centro.
   - a. comprato
   - b. fatto
   - c. avuto

7

Mauro und Francesca reisen heute ab. An der Rezeption zahlen sie, geben den Schlüssel ab und verabschieden sich vom Empfangschef. Hier sehen Sie einige Ausschnitte aus der Unterhaltung, die jedoch durcheinandergeraten sind. Können Sie diese ordnen?

1. Buongiorno signori Pagani. In cosa posso esservi utile?
2. Ci prepara il conto, per favore?
3. Come preferite pagare? In contanti?
4. Mi scusi, quant'è?
5. La stanza e il nostro servizio vi sono piaciuti?

a. Oh sì, l'albergo ci è piaciuto moltissimo!

b. In tutto sono 555,– euro.

c. No, meglio con la carta di credito, se è possibile.

d. Vorremmo pagare e lasciare la stanza, le nostre vacanze ormai sono finite!

e. Certo, le faccio anche la fattura *(Quittung)*!

Achten Sie auf das Passato prossimo des Verbs **piacere**. Wird es mit **essere** oder **avere** gebildet?

____

Wortschatz

andare – gehen / fahren
il Duomo di S. Pietro – Petersdom
il panorama – Aussicht
il colosseo – Kolosseum
la Piazza di Spagna – Spanischer Platz
la cupola – Kuppel
se – wenn
il tempo – Zeit
il Circo Massimo – Zirkus Maximus
la capitale – Hauptstadt

8

Simona kommt aus Palermo und macht zum ersten Mal eine Woche Urlaub in Rom. Lesen Sie die Postkarte, die Simona ihrer Freundin Catia schreibt.

Ciao Catia,
Roma è bellissima!
Sono andata al Duomo di S. Pietro e sono salita sulla cupola:
che bel panorama! Ho visitato il colosseo. Ieri sera io e Antonio
siamo andati a Piazza di Spagna. A me è piaciuta
tantissimo! Se abbiamo tempo, domani andiamo
al Circo Massimo.

Saluti dalla capitale
Simona

Unterstreichen Sie auf der Postkarte die Passato prossimo-Formen. Welche werden mit **essere**, welche mit **avere** gebildet? Schreiben Sie sie in die entsprechende Spalte der Tabelle.

essere	avere

9

§ 9

In Verbindung mit **essere** richtet sich das Partizip Perfekt in Geschlecht (m., w.) und Zahl (Sing., Pl.) nach dem Subjekt. Schreiben Sie die Formen von **essere** in die Lücken und lesen Sie dann die vollständigen Sätze laut.

1. Io ________________ venut**o** al cinema con voi.
2. Tu ________________ andat**o** a teatro.
3. Lui ________________ salit**o** sulla cupola di S. Pietro.
4. Lei ________________ uscit**a** con gli amici.
5. Io e Lisa ________________ andat**e** in centro a piedi.
6. Voi ________________ partit**i** lunedì?
7. Marco e Paola ________________ venut**i** in aereo.

Beachten Sie: Besteht das Subjekt aus mehreren Personen bzw. Substantiven verschiedenen Geschlechts, hat das Partizip Perfekt die männliche Pluralform.

10

Kreuzen Sie die richtige Antwort an.

1. Mario … in montagna con la sua famiglia.
   - a. è andata
   - b. è andato

2. Chiara … per l'America ieri sera.
   - a. è partita
   - b. è partito

3. Lucia e Antonella … insieme.
   - a. sono usciti
   - b. sono uscite

4. Enzo e Paola … con Mirella.
   - a. sono uscite
   - b. sono usciti

5. Laura e Monica … a casa mia martedì pomeriggio.
   - a. sono venute
   - b. sono venuti

6. I miei fratelli … al mare.
   - a. sono andate
   - b. sono andati

11 TR 25

§ 3

Bello und **buono** haben besondere Formen. Hören Sie sich die Sätze an und ergänzen Sie die Ausdrücke.

m. sing.	m. pl.	w. sing.	w. pl.
un **bel** panorama	**be**_ monumenti	una **bel**_ _ cartolina	delle **bel**_ _ cartoline
un **bel**_ _ studio	**be**_ _ _ specchi		
un **bel**_ _ appartamento	**be**_ _ _ appartamenti	una **bel**_ _ idea	

un **buon** lavoro	dei **buoni** amici	una **buon**_ giornata	delle **buon**_ giornate
un **buon** amico			
un **buon**_ stipendio		una **buo**_ _ idea	

12

§ 5

Die indirekten Pronomen **mi** *(mir)*, **ti** *(dir)*, **le** *(ihr)*, **gli** *(ihm)*, **Le** *(Ihnen)*, **ci** *(uns)*, **vi** *(euch)*, **loro** *(ihnen)* haben andere Formen, wenn man damit etwas betonen möchte: **a me, a te, a lui, a lei, a noi, a voi, a loro.**

Ordnen Sie die Aussagen einander zu.

1. A me Roma piace moltissimo.
2. A Luca piace scrivere cartoline.
3. A noi piace viaggiare.
4. A noi Marco e Paola hanno mandato le foto del loro viaggio in Kenya.

a. A me no!
b. Anche a me piace Roma!
c. A noi non hanno mandato nulla!
d. A voi piace viaggiare anche all'estero?

13 TR 26

Im Italienischen wird der Buchstabe **h** grundsätzlich nie ausgesprochen. Er wird nur benutzt, um die Laute **k** und **g** vor **e** bzw. **i** darstellen zu können (s. Lektion 2 Aussprache).
Im Italienischen gibt es außer den gebeugten Formen von **avere** *(haben)*, also **ho, hai, ha** und **hanno**, keine weiteren Wörter, die mit **h** beginnen. Andere Wörter, die mit **h** beginnen, kommen aus dem Englischen.

Hören Sie sich die Wörter an.

ho hai ha hanno hostess hotel la hall dell'albergo Halloween hamburger hooligan

14 TR 27

Hören Sie die Sätze der Dame an der Rezeption auf Track 27 und übernehmen Sie in den Pausen Mauros Rolle. Viel Spaß!
Wenn Sie den ganzen Dialog hören möchten, hören Sie sich wieder Track 21 an.

Segretaria:	Buongiorno, in cosa posso esservi utile?
Mauro:	Buongiorno! Abbiamo prenotato una camera doppia con bagno dal 15 al 25 settembre.
Segretaria:	Il Suo nome, per favore?
Mauro:	Pagani.
Segretaria:	Sì, eccolo qui, una doppia con bagno, camera numero 5.
Mauro:	A che ora si può fare colazione?
Segretaria:	La colazione è dalle 7 alle 10 nella sala da pranzo qui a destra accanto al bar.
Mauro:	E la piscina, dov'è?
Segretaria:	Qui a sinistra, può vederla da quella finestra.
Mauro:	Avete anche una cassaforte?
Segretaria:	Sì, potete consegnare a noi i vostri oggetti di valore, se volete. Avete molti bagagli?
Mauro:	No no, solo due valige. Benissimo. Dov'è la camera?
Segretaria:	Al primo piano. Potete prendere l'ascensore o salire per le scale subito qui accanto alla reception.
Mauro:	Va bene, grazie!
Segretaria:	Potreste compilare il modulo per la registrazione, per favore?
Mauro:	Certamente ... Ecco a Lei!
Segretaria:	Grazie. Ecco a Lei la chiave.

1

Lesen Sie die Sätze und ergänzen Sie die fehlenden Buchstaben.

1. Es ist eine rundliche orange Zitrusfrucht, aber keine Orange: m_ _ _a_ _ _ _
2. Es ist ein Gemüse. Es ist rot und rundlich, und man kann daraus eine leckere Soße für Nudeln machen: _o_o_ _ _ o
3. Dieses Gemüse bringt die Menschen zum Weinen: c_ p_ _ _ a
4. Man macht daraus Pommes frites: p_t_t_

2 TR 28

In diesem Buchstabengitter befinden sich einige Begriffe rund um die Freizeit. Hören Sie sich die Wörter mehrmals an und suchen Sie sie dabei im Buchstabengitter. Markieren Sie die Wörter mit einem farbigen Stift. Die versteckten Wörter können horizontal, vertikal, diagonal und rückwärts angeordnet sein! Achtung: Einige Begriffe bestehen aus 2 oder 3 Wörtern, die hier zusammenhängend erscheinen!

V	S	F	A	R	E	S	H	O	P	P	I	N	G
D	I	B	T	U	J	J	M	D	F	M	M	N	T
G	U	A	R	D	A	R	E	L	A	T	V	I	T
R	F	L	G	O	B	G	T	R	R	A	I	E	E
M	G	S	B	G	T	C	N	P	E	Q	B	R	M
O	N	D	F	T	I	S	S	C	I	A	R	E	P
T	U	I	S	A	P	A	B	L	M	U	U	G	O
D	O	R	M	I	R	E	R	E	M	F	H	G	L
A	T	T	S	O	R	P	L	E	E	N	Q	E	I
B	A	L	L	A	R	E	T	G	R	I	L	L	B
E	R	M	E	R	A	N	O	U	S	B	H	C	E
G	E	O	R	M	B	T	F	V	I	L	U	E	R
D	M	I	A	R	L	I	S	C	O	M	N	A	O
H	F	S	R	L	D	I	P	I	N	G	E	R	E
A	N	D	A	R	E	A	L	C	I	N	E	M	A

3

Schauen Sie sich die Wortschlange an und schreiben Sie die Sätze neu, indem Sie beim Schreiben die nötigen Wortzwischenräume lassen. Die Wörter am Anfang eines Satzes und die Eigennamen müssen großgeschrieben werden. Vergessen Sie die Satzzeichen nicht!

4

Finden Sie die versteckten Sehenswürdigkeiten in Rom? Bringen Sie dazu die Buchstaben in die richtige Reihenfolge.

1.

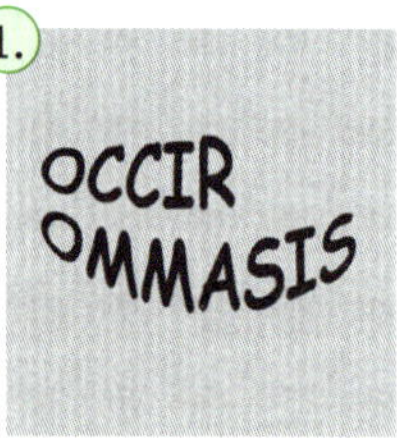

2.

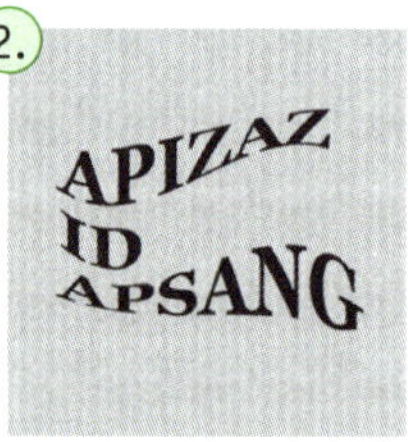

3.

4.

Wortschatz

la natura – Natur
la raccolta differenziata – Mülltrennung
la regione – Region
bidoni del vetro – Altglascontainer
in mano – in den Händen
essere contraria – dagegen sein
Come mai? – Wieso?
portare – tragen
borse pesanti – schwere Tüten
per un lungo tragitto – über eine längere Strecke
la spazzatura – Müll
la soluzione – Lösung
lo smaltimento – Müllentsorgung
i rifiuti – Abfälle
ben organizzata – gut organisiert
la gente – die Leute
essere informati – informiert sein
uno spreco di denaro – Geldverschwendung

1 ② TR 29

Hören Sie das folgende Interview, in dem sich verschiedene Personen zum Thema Mülltrennung äußern. Wer ist **a favore** *(dafür)* und wer ist **contro** *(dagegen)*? Schreiben Sie die unten aufgeführten Namen in die Tabelle.

a favore	contro

a. Dino b. Carmela c. Elisa d. Federico

2

Auch in Italien kümmert man sich zunehmend um den Umweltschutz. Hier zunächst einige Begriffe. Ordnen Sie die italienischen Begriffe rechts den deutschen Übersetzungen auf der linken Seite zu.

1. *Die Pfandflasche*	a. la spazzatura
2. *Die Umwelt*	b. la raccolta differenziata
3. *Der Umweltschutz*	c. l'ambiente
4. *Der Müll*	d. il vuoto a rendere
5. *Das Recycling*	e. la protezione dell'ambiente
6. *Die Mülltrennung*	f. il riciclaggio

3

§ 13

Um einen Zweck oder ein Ziel auszudrücken, benutzt man im Italienischen **per** + Infinitiv. Lesen Sie die folgenden Beiträge aus dem Interview auf Seite 85 und unterstreichen Sie jeweils den Satzteil, der einen Zweck bzw. ein Ziel enthält.

1. Sono completamente favorevole, lo ritengo un ottimo sistema per proteggere l'ambiente dai rifiuti ...
2. Non so, a me non sembra un'idea molto intelligente, per arrivare ai bidoni del vetro devo camminare per un chilometro con le bottiglie in mano e ormai sono anziano.

4

Ergänzen Sie die Sätze mit den passenden Satzteilen.

1. Devo lavorare ________________________.
2. Dobbiamo risparmiare ________________________.
3. Possiamo comprare un biglietto regionale ________________________.
4. Vogliamo prenotare un volo ________________________.

per comprare una casa – per mantenere la mia famiglia –
per andare in Grecia – per andare a Modena

5 ② TR 30

Die Personen, die Sie in dem Interview gehört haben, kommen aus unterschiedlichen Teilen Italiens. Schauen Sie sich die Karte an und hören Sie die Namen der Regionen.

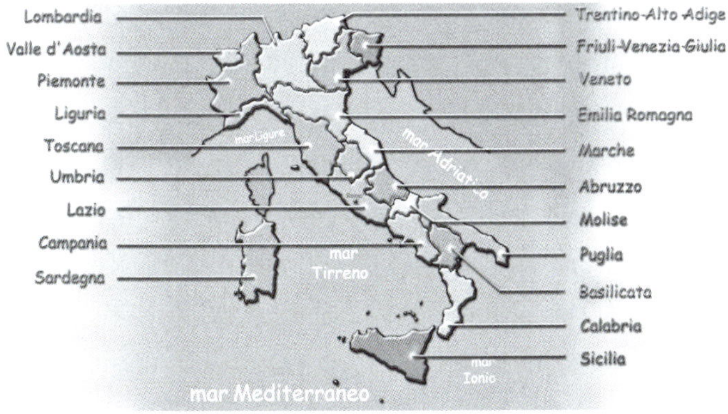

6 ② TR 31

Schauen Sie sich diese Landschaft an und hören Sie sich dazu die Bezeichnungen der verschiedenen Bereiche an. Schreiben Sie dann die Buchstaben in die entsprechenden Kästchen.

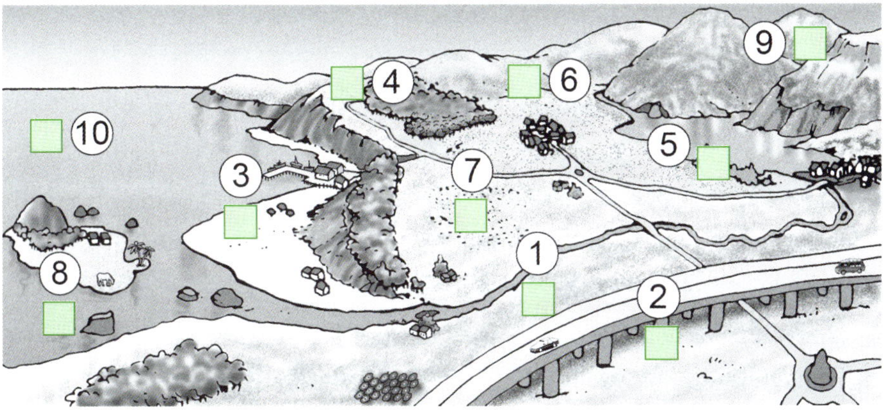

a. il mare *(Meer)* b. il porto *(Hafen)* c. la valle *(Tal)* d. i monti *(Berge)*
e. il fiume *(Fluss)* f. l'autostrada *(Autobahn)*
g. la strada *(Straße)* h. il bosco *(Wald)* i. l'isola *(Insel)* j. il lago *(See)*

7 2 TR 32

Hören Sie sich die Bezeichnungen der abgebildeten Pflanzen und Tiere an und schreiben Sie dann die Buchstaben der Bezeichnungen in die Kästchen der entsprechenden Bilder.

1.

2.

3.

4.

5.

6.

7.

8.

a. il fiore b. l'albero c. il cane d. il cavallo
e. il pesce f. il gatto g. l'uccellino h. la pecora

8 2 TR 33

Hören Sie sich den Text an und ergänzen Sie die Tabelle.

	richtig	falsch
1. Sie mag keine Tiere.		
2. Sie hasst Hunde.		
3. Ihr Freund mag keine Katzen.		
4. Ihr Freund mag Katzen lieber als Hunde.		
5. Sie haben keine Tiere zu Hause.		

Lesen Sie den Text und die Übersetzung im Anhang.

Wortschatz

le nevicate – Schneefälle
le Alpi – Alpen
l'Appennino – Apennin
la nebbia – Nebel
Val Padana – Poebene
la pioggia – Regen
le regioni centrali – mittlere Regionen
l'Adriatico – Adria
sereno – heiter
poco nuvoloso – leicht bewölkt
le regioni meridionali – südliche Regionen
(mari) molto mossi – hoher Seegang
il Mar Tirreno – Tyrrhenisches Meer
il Mar Ligure – Ligurisches Meer
il Mar Jonio – Ionisches Meer

9 2 TR34

Lesen Sie den Wetterbericht für Italien und hören Sie sich den Bericht an. Beantworten sie anschließend die Fragen, indem sie die richtigen Antworten ankreuzen.

Nevicate sulle Alpi e sull'Appennino tosco-emiliano al di sopra dei 600 metri. Nebbia in Val Padana. Pioggia sulle regioni centrali e sull'Adriatico centro-settentrionale. Sereno o poco nuvoloso sulle regioni meridionali. Molto mossi il Mar Tirreno e il Mar Ligure. Poco mossi il Mar Adriatico e il Mar Jonio.

1. Che tempo fa sull'Appennino?
   - a. nuvoloso
   - b. pioggia
   - c. neve

2. Che cosa c'è nella Val Padana?
   - a. pioggia
   - b. nebbia
   - c. sole

3. Com'è il Mar Ligure?
   - a. poco mosso
   - b. mosso
   - c. molto mosso

4. Che tempo fa sulle regioni meridionali?
   - a. molto nuvoloso
   - b. piove
   - c. sereno

10 2 TR35

Hören Sie sich die Wetterbedingungen an. Schreiben Sie die Buchstaben in die entsprechenden Kästchen der Bilder.

1.

2.

3.
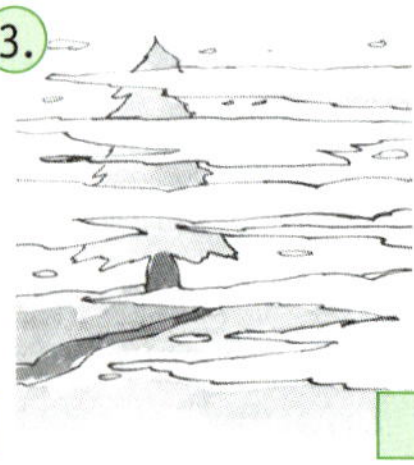

4.

5.

6.

7.

8.

a. Fa freddo. b. Fa caldo. c. È nuvoloso. d. C'è vento.
e. C'è il sole. f. C'è nebbia. g. Piove. h. Nevica.

11 2 TR36

Hören Sie die Wettervorhersage für einige Städte in Europa. Schreiben Sie die fehlenden Begriffe in die Lücken.

1. Oggi ad Amsterdam ________________ e ci sono solo sei gradi.
2. A Bruxelles piove e ci sono ________________.
3. A Mosca ________________ e ci sono zero gradi.
4. A Londra ________________ e ci sono 10 gradi.
5. A Roma ________________ e ci sono 25 gradi.
6. A Parigi oggi ________________ e ci sono 15 gradi.
7. Ad Amburgo ________________: è nuvoloso e ci sono 9 gradi.
8. A Madrid ________________, c'è il sole e ci sono 35 gradi.

12 TR37

§ 10

Hören Sie sich den Text an. Darin wird eine neue Zeitform benutzt, das Futur. Kreuzen Sie anschließend die jeweils passende Futur-Form an. Wenn Sie wollen, können Sie den Text im Anhang lesen.

1. Domani il tempo non ... molto.
   - a. ha
   - b. avrà
   - c. cambierà

2. La pioggia ....
   - a. continuerà
   - b. sarà
   - c. farà

3. Forse ... il bel tempo.
   - a. diminuirà
   - b. va
   - c. tornerà

4. Al Sud ... poco nuvoloso.
   - a. viene
   - b. sarà
   - c. avranno

Übrigens: Frühling, Sommer, Herbst und Winter heißen auf Italienisch **la primavera**, **l'estate**, **l'autunno** und **l'inverno**.

13

§ 10

Das italienische Futur bilden Sie einfach, indem Sie den letzten Buchstaben des Infinitivs durch die Futurendungen (**-ò**, **-ai**, **-à**, **-emo**, **-ete**, **-anno**) ersetzen. Achtung: Bei Verben auf **-are** wird das **a** der Infinitivendung zu **e**. Lesen Sie aufmerksam die Tabelle und vervollständigen Sie die Lücken.

	torn**are**	diping**ere**	dorm**ire**
io	torner**ò**	dipinger**ò**	
tu	torner**ai**		dormir**ai**
lui / lei		dipinger**à**	dormir**à**
noi	torner**emo**	dipinger**emo**	
voi	torner**ete**		dormir**ete**
loro		dipinger**anno**	dormir**anno**

Schreiben Sie in einfachen Sätzen auf ein Blatt Papier, was Sie diese oder nächste Woche noch tun werden. Benutzen Sie dazu die Futurformen.

14 2 TR38

Doppelkonsonanten werden im Italienischen als längerer Konsonant ausgesprochen. So ist z. B. **ll** deutlich länger als **l**. Hören Sie sich die Wörter an und schreiben Sie den Doppelkonsonanten, den das jeweilige Wort enthält, in die Lücken (z. B. **pp** bei **appartamento**). Achten Sie dabei auf die Reihenfolge der Aufnahme.

1. ________ 2. ________ 3. ________ 4. ________ 5. ________

6. ________ 7. ________ 8. ________ 9. ________ 10. ________

15 2 TR39

Hören Sie sich die folgenden Zungenbrecher mehrere Male an und versuchen Sie dann sie nachzusprechen. Nur nicht die Geduld verlieren!

1. **Che puzza!**
È da un pezzo che quel pazzo di Ampezzo
è nel pozzo con un pezzo di pizza: che puzza!

Was für ein Gestank!
Schon eine ganze Weile ist dieser Verrückte aus Ampezzo
Mit einem Stück Pizza im Brunnen: Was für ein Gestank!

2. **Apelle, figlio di Apollo**
Apelle, figlio di Apollo fece una palla di pelle di pollo
Tutti i pesci vennero a galla per vedere la palla di pelle di pollo
Fatta da Apelle, figlio di Apollo.

Apelle, Apollos Sohn
Apelle, Apollos Sohn, machte einen Ball aus Hühnerhaut.
Alle Fische kamen an die Oberfläche, um den Ball aus Hühnerhaut zu sehen,
den Apelle, Apollos Sohn, gemacht hatte.

Wortschatz

l'ambulatorio – Praxis
il mal di stomaco – Magenschmerzen
l'appuntamento – Termin
Avanti! – Herein!
la febbre – Fieber
la diarrea – Durchfall
togliersi – sich ausziehen
sdraiarsi – sich hinlegen
rilassarsi – sich entspannen
fare male – wehtun
l'indigestione – Verdauungsstörung
la camomilla – Kamillentee
leggero – leicht
grassi – Fettes
prescrivere – verschreiben
la dieta – Diät
sufficiente – ausreichend

1 ② TR 40

Mauro hat Bauchschmerzen und möchte gleich heute Nachmittag einen Termin beim Arzt.

Hören Sie sich den Dialog an.

2

Wenn man sich nicht wohl fühlt, sagt man:

- **Sto male / malissimo.** – *Ich fühle mich schlecht / sehr schlecht.*
- **Ho mal di stomaco.** – *Ich habe Bauchschmerzen.*
- **Ho vomitato.** – *Ich habe mich erbrochen.*

Der Arzt fragt den Patienten …:

- **Dove le fa male? / Le fa male qui?** – *Wo tut es Ihnen weh? / Tut es Ihnen hier weh?*
- **Ha febbre? / Ha diarrea?** – *Haben Sie Fieber? / Durchfall?*
- **Si rilassi / Si sdrai / si tolga la camicia.** – *Entspannen Sie sich / Legen Sie sich hin / Ziehen Sie das Hemd aus.*

… und sagt:

- **È solo un'indigestione.** – *Es ist nur eine Verdauungsstörung.*
- **Per oggi non mangi … / non beva … / niente grassi** – *Essen Sie heute kein … / trinken Sie kein … / nichts Fettes*
- **Stia a letto / stia a riposo** – *Bleiben Sie im Bett / Ruhen Sie sich aus*
- **Le prescrivo …** – *Ich verschreibe Ihnen …*

3 TR 41

Hören Sie sich die Körperteile auf Italienisch an. Schreiben Sie die Buchstaben der Körperteile in die entsprechenden Kästchen und sprechen Sie sie nach.

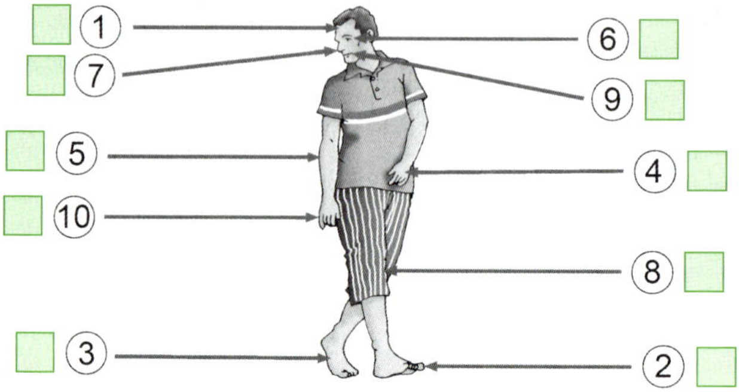

a. il naso b. la bocca c. la mano d. la gamba e. le dita dei piedi
f. il piede g. il braccio h. la testa i. le dita j. gli occhi

4 TR 42

Hören Sie sich einige Aussagen über die Gesundheit verschiedener Personen an. Über welche Körperteile sprechen sie? Kreuzen Sie die richtigen Antworten an.

1. ☐ a. testa
   ☐ b. ginocchio *(Knie)*
   ☐ c. dita

2. ☐ a. braccio
   ☐ b. piede
   ☐ c. dita del piede

3. ☐ a. occhi
   ☐ b. braccio
   ☐ c. mano

4. ☐ a. gamba
   ☐ b. testa
   ☐ c. naso

5. ☐ a. bocca
   ☐ b. gamba
   ☐ c. polso *(Handgelenk)*

6. ☐ a. mano
   ☐ b. orecchio *(Ohr)*
   ☐ c. gomito *(Ellbogen)*

5 2 TR 43

Hören Sie, welche Beschwerden die einzelnen Personen haben, und ergänzen Sie die fehlenden Wörter.

1. Ho la _____________, devo prendere qualcosa. È meglio che vada in _____________.
2. Ho _____________. Credo che prenderò un'aspirina.
3. Mi sento _____________ oggi. Questo pomeriggio devo andare dal _____________.
4. Mi fanno male _____________. Vado subito dal _____________.
5. Ho una _____________ alla gamba e devo portare il gesso *(Gips)* per tre settimane.
6. Ho preso _____________. Mi sono addormentato in spiaggia.

6

§ 13

Was raten Sie den einzelnen Personen auf Grund ihrer Beschwerden zu tun? Ordnen Sie die Ratschläge auf der rechten Seite den Beschwerden auf der linken Seite zu.

1. Ho preso il raffreddore *(Erkältung)*.
2. Ho mal di pancia *(Bauchschmerzen)*.
3. Ho una tosse terribile.
4. Ho l'influenza *(Grippe)*.
5. Non vedo bene da lontano.
6. Gianni ha mal d'orecchio.
7. Credo di avere l'appendicite *(Blinddarmentzündung)*.

a. Perché non ti operi *(dich operieren lassen)*?
b. Resta a letto qualche giorno, e l'influenza passerà.
c. Perché non prendi un'aspirina?
d. Dovresti andare dall'oculista *(Augenarzt)*.
e. Perché non prendi uno sciroppo contro la tosse?
f. Dovrebbe andare dall'otorino *(HNO-Arzt)*.
g. Perché non prendi qualcosa contro il mal di pancia?

7

§ 7

Lesen Sie die Sätze und ergänzen Sie die Tabelle mit den entsprechenden Reflexivpronomen.

1. Non mi sento bene oggi.
2. Luca, sei pallido, ti senti bene?
3. Carla si sente in forma perché ultimamente fa molto sport.
4. Ci sentiamo benissimo quando siamo in vacanza!
5. Vi sentite male?
6. Gianpiero e Rossella si sentono stanchi anche se hanno riposato abbastanza.

io		sento
tu		senti
lui / lei		sente
noi		sentiamo
voi		sentite
loro		sentono

8

Schreiben Sie die reflexiven Verbformen der untenstehenden Infinitive in die Lücken. Bei den Infinitiven reflexiver Verben wird **-si** hinten angehängt: vedere – veder**si**.

1. Lei ____________________ Luana.
2. Io e Simona ____________________ al bar stasera.
3. (io) ____________________ benissimo, grazie. E tu stai meglio?
4. Claudio e Gianni ____________________ per uscire.
5. Perché non (tu) ____________________ all'appendicite?
6. (voi) ____________________?

a. vedersi b. chiamarsi c. prepararsi *(sich fertig machen)*
d. sentirsi e. operarsi f. trasferirsi *(umziehen)*

Wortschatz

curare – pflegen
il corpo – Körper
l'igiene – Hygiene
alzarsi – aufstehen
fare la doccia – duschen
spalmarsi la crema – sich eincremen
crema idratante – Feuchtigkeitscreme
il centro estetico – Beauty-Center
il massaggio – Massage
la cura termale – Badekur
il cibo – Essen
sano – gesund
genuino – naturbelassen
vestirsi – sich anziehen
in ordine – *hier:* frisiert
truccarsi – sich schminken

9

Lesen Sie den Text und beantworten Sie dann die Fragen in der Tabelle.

Loredana ama curare il suo corpo. Per lei l'igiene e la cura personale sono molto importanti. Normalmente la mattina appena si alza, fa la doccia e poi si spalma la crema idratante su tutto il corpo. Una volta alla settimana va in un centro estetico per sottoporsi a dei massaggi rilassanti e abitualmente in estate fa una settimana di cure termali. Solitamente cucina e mangia cibo sano e genuino. Le piace vestirsi bene, avere i capelli in ordine e truccarsi. Tiene molto anche alla pulizia del viso e dei denti.

Entscheiden Sie, ob die Aussagen richtig oder falsch sind, indem Sie die entsprechenden Felder ankreuzen.

	richtig	falsch
1. Lei cura il suo corpo.		
2. L'igiene personale è importante per lei.		
3. Non usa mai creme per il corpo.		
4. Va nei centri estetici ogni *(jeden)* giorno.		
5. Fa le cure termali.		
6. Solitamente mangia al ristorante.		
7. Si veste bene.		
8. Si lava i denti regolarmente.		

10

Schauen Sie sich die Bilder an und kreuzen sie die passenden Antworten an.

1.
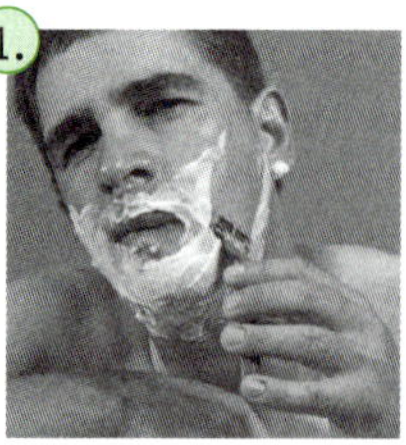

- a. Si lava i capelli.
- b. Si fa la barba.
- c. Si mette il profumo.

2.
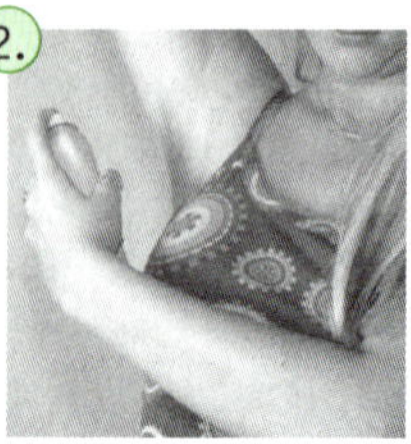

- a. Si trucca sempre.
- b. Si mette il deodorante.
- c. Si fa la doccia.

3.

- a. Si lava i denti.
- b. Si lava i capelli.
- c. Si pettina.

4.

- a. Si asciuga i capelli.
- b. Si trucca.
- c. Si pettina spesso.

5.

- a. Si trucca.
- b. Si fa il bagno.
- c. Si spalma la crema sul viso.

6.
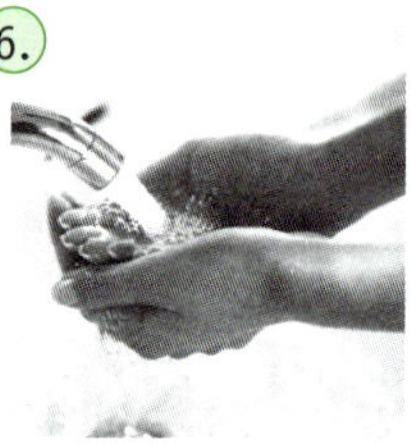

- a. Si lava i piedi.
- b. Si lava le mani.
- c. Si asciuga.

11

Schreiben Sie die richtigen Antworten auf Italienisch.

Was sagen Sie, wenn …

1. … Sie duschen? ______________________________
2. … Sie immer die Zähne putzen? ______________________________
3. … sie sich schminkt? ______________________________
4. … er sich jeden Tag rasiert? ______________________________
5. … sie sich die Haare trocknen? ______________________________

12

§ 4

Lesen Sie die Sätze und ergänzen Sie dann die Tabelle.

1. Normalmente il sabato sera vado in pizzeria con gli amici.
2. Uso regolarmente una crema idratante per il corpo.
3. Abitualmente vado in vacanza al mare in estate.
4. Il tempo passa velocemente!
5. È un locale tipicamente italiano.
6. Carlo studia costantemente e diligentemente.

Adjektiv	–	Adverb
normale	–	___________
___________	–	regolarmente
abituale	–	___________
___________	–	velocemente
tipico	–	___________
___________	–	costantemente
diligente	–	___________

Ergänzen Sie die folgende Regel:

Das Adverb wird gebildet durch Anhängen von -________ an die weibliche Form des Adjektivs.

13 2 TR 44

Lesen Sie die Adjektive und bilden Sie mündlich die entsprechenden Adverbien auf **-mente**. Vergleichen Sie dann Ihre Aussagen mit der Aufnahme.

solito, morale, logico, naturale, certo, amichevole, spontaneo, libero, intelligente, educato, elegante, abbondante, nuovo, stabile, puntuale, conforme

14 TR 45

Q + u wird im Italienischen wie ein **k** und ein sehr dunkles **u** ausgesprochen. Hören Sie sich die Sätze an und wiederholen Sie sie laut.

1. Quanti anni hai?
2. Quando è Pasqua?
3. Ci vediamo oggi pomeriggio dopo le cinque.
4. Sono le quattro e un quarto.
5. Mia madre ha quarantacinque anni.

15 TR 46

Hören Sie sich die Sätze der Sprechstundenhilfe auf der CD 2 Track 46 an und übernehmen Sie in den Pausen Mauros Rolle. Viel Spaß! Den ganzen Dialog können Sie noch mal auf Track 40 hören.

Segretaria: … Ambulatorio Dott. Sbarbaro.
Mauro: Buongiorno. Ho un mal di stomaco terribile. È possibile fissare un appuntamento per oggi pomeriggio?
Segretaria: L'ambulatorio oggi è aperto dalle quattro alle sette. Vuole venire alle cinque stasera?
Mauro: Alle cinque? Attenda un momento … Sì, perfetto, alle cinque.
Segretaria: Il suo nome, per favore?
Mauro: Mauro Pagani.
Segretaria: Benissimo, signor Pagani. A stasera alle cinque, allora.
Mauro: D'accordo. Arrivederci.
Segretaria: Arrivederci.

Wortschatz

il telespettatore – Zuschauer
l'edizione – Ausgabe
il telegiornale – Fernsehnachrichten
seguire – *hier:* zuschauen
la vita – Leben
rinunciare – verzichten
il regista – Regisseur
vincere – gewinnen
il ruolo – Rolle
la scena – Szene
la Palma d'Oro – Goldene Palme
la Fontana di Trevi – Trevi-Brunnen
lo scrittore – Schriftsteller
il telecomando – Fernbedienung

1 2 TR47

Hören Sie den Dialog und entscheiden Sie, ob die angegebenen Sätze richtig oder falsch sind.

	richtig	falsch
1. Carlo e Lucia hanno appena finito di guardare il telegiornale.		
2. Lucia vorrebbe vedere un film di Fellini.		
3. Carlo deve lavorare e non vuole guardare il film con Lucia.		
4. Lucia guarda il film da sola.		
5. Il titolo del film è *La Dolce Vita*.		
6. Marcello Mastroianni è uno degli attori del film.		

2

Ordnen Sie die deutschen Übersetzungen rechts den entsprechenden italienischen Begriffen zu.

1. la partita di calcio	a. *Fernsehnachrichten*
2. il telegiornale	b. *Fußballspiel*
3. il meteo	c. *Wetterbericht*
4. il documentario	d. *Modesendung*
5. il cartone animato	e. *Zeichentrickfilm*
6. la pubblicità	f. *Dokumentarfilm*
7. il programma di moda	g. *Seifenoper*
8. la telenovela	h. *Werbung*

3

Ergänzen Sie die Sätze, indem Sie die untenstehenden Begriffe in die Lücken schreiben.

1. Valentina ha 6 anni e ogni pomeriggio guarda i ________________.
2. Durante la ________________ cambio sempre canale *(auf einen anderen Sender umschalten)*.
3. Claudia vorrebbe diventare stilista e nel suo tempo libero guarda volentieri i ________________.
4. Ogni domenica mio fratello guarda le ________________ con i suoi compagni di scuola a casa e mette tutto il salone in disordine.
5. Mi piacerebbe partecipare a un ________________. Potrei vincere un premio o un bel gruzzoletto *(hübsches Sümmchen)*!
6. I ________________, come "Grande Fratello" sono diventati molto popolari.

a. reality show b. cartoni animati c. pubblicità
d. quiz televisivo e. programmi di moda f. partite di calcio

4

Hier finden Sie einige Informationen über die italienischen Fernsehsender. Vielleicht haben Sie ja von dem einen oder anderen schon einmal etwas gehört oder gesehen?

<table>
<tr><th>Società televisive</th><th>Canali televisivi</th></tr>
<tr><td rowspan="3">RAI (Radiotelevisione Italiana)
Radio e televisione di Stato italiana cioè la società concessionaria in esclusiva del servizio pubblico radio-televisivo italiano</td><td>Raiuno</td></tr>
<tr><td>Raidue</td></tr>
<tr><td>Raitre</td></tr>
<tr><td rowspan="3">MEDIASET un'azienda italiana specializzata in comunicazione televisiva</td><td>Rete 4</td></tr>
<tr><td>Canale 5</td></tr>
<tr><td>Italia 1</td></tr>
</table>

5 2 TR 48

§ 18

Sie können im Italienischen Sätze verneinen, indem Sie **non** zusammen mit **neanche, ancora, più, mai** oder **nessuno** verwenden. Hören Sie sich die Sätze auf der CD an und schreiben Sie die Verneinungen, die Sie hören, in die Lücken.

Beispiel: **Non** posso rinunciare ad un grande regista come Fellini e **neanche** ad un grande attore come Mastroianni.

1. ________ ho ______________ *(nie)* visto un canale italiano.
2. Carlo ________ conosce ______________ *(nicht mal)* un canale televisivo spagnolo.
3. Alla festa di Rosanna ________ c'era ______________ *(niemand)*.
4. Linda ________ è ______________ *(nicht mehr)* venuta al cinema con noi.
5. ________ abbiamo partecipato a ______________ *(kein)* quiz televisivo, però ci piacerebbe tanto.

6

Welches Wort fehlt in der Schlagzeile? Kreuzen Sie das jeweils passende Wort an.

1. … in Giappone: 200 morti
   - ■ a. Televisione
   - ■ b. Terremoto
   - ■ c. Arte *(Kunst)*

2. …: La Juve vince di nuovo.
   - ■ a. Teatro
   - ■ b. Meteo
   - ■ c. Calcio

3. … della morte del grande Mastroianni
   - ■ a. Anniversario
   - ■ b. Macchina
   - ■ c. Scena

4. …: Armani e Versace a Milano
   - ■ a. Sport
   - ■ b. Moda
   - ■ c. Lavoro

7 2 TR 49

Kennen Sie schon einige italienische Zeitungen? Lesen Sie die Namen der wichtigsten italienischen Zeitungen und Zeitschriften und kreuzen Sie die Namen an, die Sie hören.

- ■ a. Corriere della Sera
- ■ b. Focus
- ■ c. La Repubblica
- ■ d. Anna
- ■ e. La Stampa
- ■ f. TV Sorrisi e Canzoni
- ■ g. L'Espresso
- ■ h. Panorama
- ■ i. La Gazzetta del Mezzogiorno

Wenn Sie einen Blick in eine italienische Tageszeitung werfen, werden Sie mit Sicherheit auf den Begriff **cronaca** stoßen. Mit **cronaca** bezeichnet man die verschiedenen Bereiche, über die in einer Zeitung berichtet wird. Man unterscheidet die **cronaca bianca**, der allgemeine Nachrichtenteil, und die **cronaca nera**, in der von Verbrechen und Katastrophen berichtet wird. In der **cronaca politica** liest man politische Meldungen, und in der **cronaca rosa** steht alles, was eben in eine Klatschspalte gehört.

Wortschatz

essere seduto/a – sitzen
fare acquisti – Einkäufe machen
il quotidiano – Zeitung
la rivista – Zeitschrift
gratis – kostenlos
da casa – von zu Hause
chattare – chatten
trascorrere – verbringen
il sesso – Sex
senza – ohne

8 TR 50

Hören Sie sich den Dialog an und kreuzen Sie in der Tabelle an, wer was macht.

	Laura	Elisa
1. scrivere e leggere e-mail		
2. fare acquisti on line		
3. fare ricerche in internet		
4. leggere quotidiani e riviste on line		
5. chattare		
6. guardare un film		

9

§ 12

Lesen Sie die Sätze und ergänzen Sie die Tabelle.

1. Prima la gente scriveva lettere, oggi scrive SMS e e-mail.
2. Negli anni Sessanta poche famiglie avevano un televisore in casa.
3. Da bambino Luca veniva a casa mia e vedevamo insieme i cartoni animati.
4. Due anni fa John e Lisa non parlavano italiano, ora lo parlano perfettamente.
5. Da studentessa ascoltavo ogni mattina la radio, ora non lo faccio più.
6. Lavoravi presso una radio locale qualche anno fa, vero?
7. Abitavate in centro prima?
8. Da giovane dormivo molto di più. Ora dormo pochissimo.

	-are	-ere	-ire
io	ascolt______	viv**evo**	dorm______
tu	lavorav______	ricev**evi**	prosegu**ivi**
lui / lei	telefon**ava**	scriv______	ven______
noi	telefon**avamo**	ved______	segu**ivamo**
voi	abitav______	av**evate**	finiv**ate**
loro	parl______	av______	ven**ivano**

10

Ergänzen Sie die E-Mail, die Veronica an Franco schreibt, mit den entsprechenden Imperfetto-Formen der Verben in Klammern.

Ciao Franco,

______________ (avere) perso il tuo indirizzo di posta elettronica e ora finalmente l'ho ritrovato. Non ci sentiamo ormai da molto tempo. ______________ (pensare) di incontrarti ieri alla festa di Chiara. ______________ (esserci) tanta gente. Ricordi, prima ______________ (lavorare) come segretaria in uno studio legale, ora mi occupo delle PR presso un'azienda che ha contatti con l'estero. Prima non ______________ (sentirsi) soddisfatta del mio lavoro e ______________ (volere) a tutti i costi cambiare. E tu che mi racconti di nuovo?

Cari Saluti, Veronica

11

Die Teile dieser E-Mail sind durcheinandergeraten. Schreiben Sie die Zahlen von 1 bis 8 in der richtigen Reihenfolge in die Kästchen.

☐ a. Un abbraccio
☐ b. Paola
☐ c. Cara Loredana, come va?
☐ d. P.S. Non potevo scriverti sms perché ho perso *(verloren)* il cellulare ad una delle tante feste notturne.
☐ e. Io sto bene, anche se stavo meglio qualche giorno fa. Ero in vacanza ai Caraibi.
☐ f. Il pomeriggio dormivo un pò in albergo e la sera uscivo con tutto il gruppo.
☐ g. La mattina stavo sulla spiaggia, prendevo il sole e mi rilassavo in acqua.
☐ h. E tu dove sei stata in vacanza? Aspetto tue notizie.

12 ② TR51

Ergänzen Sie den Radiobeitrag und vergleichen Sie dann Ihre Antworten mit der Aufnahme. Achtung: Die Verben unterhalb des Textes stehen im Infinitiv, sie müssen jedoch in die richtige Zeitform gesetzt werden. Denken Sie auch daran, dass das Partizip Perfekt in Geschlecht und Zahl mit dem Subjekt übereinstimmen muss.

Buonasera gentili ascoltatori e benvenuti al notiziario radiofonico di quest'oggi. Da ieri sera una forte tempesta __________ sulle coste del Nord Europa: Inghilterra, Olanda e Germania __________ i Paesi più colpiti. Fino alle 17 di ieri pomeriggio tutto __________ normale, poi improvvisamente il vento __________ a soffiare ininterrottamente ad una velocità di oltre cento chilometri orari: molti alberi __________ sulle automobili parcheggiate lungo le strade e oltre duemila abitazioni __________ attualmente senza energia elettrica. Circa 80 persone __________. I morti __________ essere due. La tempesta __________ ancora due giorni.

a. essere (3x) b. cominciare *(beginnen)* c. continuare
d. infuriare *(toben)* e. essere ferito *(verletzt sein)* f. cadere g. dovere

13 2 TR 52

Die Satzmelodie ist ein wesentliches Ausdrucksmittel der menschlichen Sprache. Sie spielt eine wichtige Rolle bei der verbalen Kommunikation. Sie wissen sicher selbst, dass eine Frage eine andere Satzmelodie hat als eine Aussage oder etwa ein Befehl. Hören Sie sich die Sätze an und entscheiden Sie, ob es sich dabei um Fragen, Aussagen oder Befehle handelt.

	Aussage	Fragesatz	Befehl
1.			
2.			
3.			
4.			
5.			
6.			
7.			
8.			

14 2 TR 53

Sprechen Sie die Sätze mit der richtigen Satzmelodie laut und vergleichen Sie dann Ihre Leistung mit der Aufnahme.

1. Che canale televisivo guardi volentieri?
2. Non guardo mai la TV. Non mi piace. Preferisco leggere il giornale, un libro ...
3. Abbassa *(Stelle leiser)* il volume *(Lautstärke)* della radio!
4. Che fanno stasera in TV? *(Was bringen sie heute im Fernsehen?)*
5. Spegnete la TV e studiate!
6. La domenica mattina ascolto il notiziario *(Nachrichten)* alla radio mentre cucino.

Sie haben sicher gemerkt, dass im Italienischen die Satzmelodie bei Fragen am Ende der Frage ansteigt, bei Aussagen dagegen abfällt.

1

Lösen Sie das Bilderrätsel. Schreiben Sie die Begriffe, die die Bilder darstellen, in die Kästchen. Wenn Sie alle Wörter richtig eingetragen haben, können Sie senkrecht das Lösungswort lesen.

					1.								
		2.											
					3.								
				4.									
					5.								
6.													

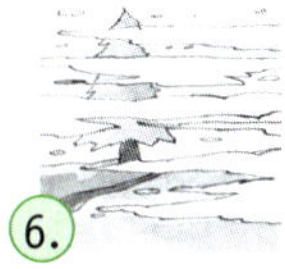

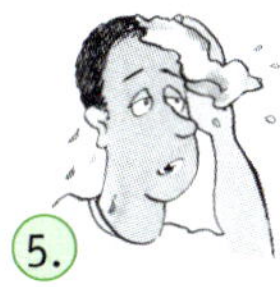

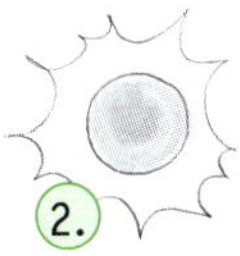

2

Schreiben Sie einen „Bandwurmsatz"! Tragen Sie dafür die untenstehenden Wörter in die richtigen Felder im Bandwurm ein, so dass ein vollständiger Satz entsteht.

genuini – molto – corpo – mangiare – curare – sani – mio – piace – e – cibi – il – e

3

Spielen Sie Domino! Finden Sie die Paare und schreiben Sie die Zahlen in die Kästchen der entsprechenden Dominosteine. Beim Personalpronomen muss dann dieselbe Zahl wie bei der entsprechenden Verbform stehen. Ein Paar ist schon als Beispiel gegeben.

1 io	6 dormivano	☐ noi	3 parlava
☐ tu	4 vivevamo	☐ voi	2 studiavi
☐ loro	5 mangiavate	☐ lui	1 lavoravo

4

Spielen Sie am Spielautomaten! In jedem Feld befinden sich vier Wörter, von denen jeweils eines nicht zu den anderen passt. Lesen Sie die Wörter und unterstreichen Sie das Wort, das nichts mit den anderen zu tun hat.

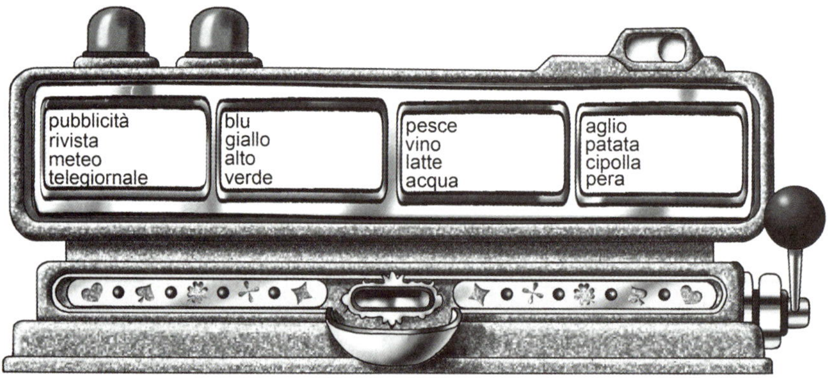

TR01 1 Übung 1

Francesca:	Buongiorno! Mi chiamo Francesca Baldassarri. E Lei come si chiama?
Pablo:	Sono Pablo Dìaz.
Francesca:	Di dov'è?
Pablo:	Sono spagnolo, e Lei?
Francesca:	Io sono italiana, vengo da Lecce, ma vivo qui a La Spezia.
...	
Francesca:	Ciao Mauro! Come stai?
Mauro:	Benissimo, grazie. E tu?
Francesca:	Bene. Ecco, ti presento Pablo, viene dalla Spagna.
Mauro:	Piacere, sono Mauro!
Pablo:	Piacere!

Francesca:	*Guten Tag! Ich heiße Francesca Baldassarri. Und Sie, wie heißen Sie?*
Pablo:	*Ich bin Pablo Dìaz.*
Francesca:	*Woher kommen Sie?*
Pablo:	*Ich bin Spanier, und Sie?*
Francesca:	*Ich bin Italienerin, ich komme aus Lecce, aber ich lebe hier in La Spezia.*
...	
Francesca:	*Hallo Mauro! Wie geht es dir?*
Mauro:	*Sehr gut, danke. Und dir?*
Francesca:	*Gut. Ich möchte dir Pablo vorstellen, er kommt aus Spanien.*
Mauro:	*Angenehm, ich bin Mauro!*
Pablo:	*Angenehm!*

TR02 1 Übung 6

1. Come si chiama?; **2.** Da dove viene?; **3.** Come sta?; **4.** Lei è tedesca?

TR03 1 Übung 7

Mi chiamo Claudia Rossi. Sono italiana, vengo da Roma, ma vivo a Bologna. Parlo italiano, ma anche francese e inglese.

TR06 1 Übung 18

1. R-o-m-a; **2.** P-a-l-e-r-m-o; **3.** F-i-r-e-n-z-e; **4.** V-e-n-e-z-i-a

TR07 2 Übung 1

Francesca:	Mauro, ti presento mia nonna Ada. Lei non vive a La Spezia, ma a Trento.

▼

Francesca:	*Mauro, ich möchte Dir meine Großmutter Ada vorstellen. Sie lebt nicht in La Spezia, sondern in Trient.*

▼

Mauro:	Piacere!
Ada:	Piacere!
Francesca:	E questo è mio cugino Simone.
Mauro:	Ciao Simone, piacere!
Simone:	Oh Mauro, piacere!
Francesca:	Questa è mia cognata Alessia.
Alessia:	Ciao, sono Alessia, piacere di conoscerti!
Mauro:	Il piacere è mio!

Mauro:	*Angenehm!*
Ada:	*Angenehm!*
Francesca:	*Das ist mein Cousin Simone.*
Mauro:	*Hallo Simone, angenehm!*
Simone:	*Oh Mauro, freut mich!*
Francesca:	*Das ist meine Schwägerin Alessia.*
Alessia:	*Hallo, ich bin Alessia, freut mich, Dich kennenzulernen!*
Mauro:	*Freut mich auch!*

1 TR 08 2 Übung 2

1. Salve, io sono Francesca. Giancarlo è mio padre e Vittorio è mio nonno.
2. Sono Vittorio, Francesca è mia nipote.
3. Mi chiamo Ada e sono la nonna di Francesca.

4. Il mio nome è Giancarlo. Francesca è mia figlia. **5.** Sono Lucia, la madre di Francesca. **6.** Sono Davide, il fratello di Francesca.

1 TR 11 2 Übung 8

Elisa:	Che bella sposa! E che bel vestito!
Lucia:	Grazie! Effettivamente, siamo una bella coppia!
Elisa:	Chi è quel signore con gli occhiali? Tuo padre?
Lucia:	No, è mio zio Michele, il fratello di mia madre. Quella signora accanto a lui, col cappello, è mia zia Anna.
Elisa:	E questo ragazzo è lo sposo?
Lucia:	Quale? Quello con gli occhi azzurri? No, quello è mio cugino Andrea. Fa l'architetto, un ragazzo bravissimo, ma ancora single! Purtroppo, lavora giorno e notte …

▼

Elisa:	*Was für eine hübsche Braut! Und was für ein schönes Kleid!*
Lucia:	*Danke! Wir sind tatsächlich ein schönes Paar!*
Elisa:	*Wer ist der Mann mit der Brille? Dein Vater?*
Lucia:	*Nein, das ist mein Onkel Michele, der Bruder meiner Mutter. Die Frau neben ihm, mit dem Hut, ist meine Tante Anna.*
Elisa:	*Und dieser Junge ist der Bräutigam?*
Lucia:	*Welcher? Der mit den blauen Augen? Nein, das ist mein Cousin Andrea. Er ist Architekt, ein toller Kerl, aber immer noch Single. Leider, er arbeitet Tag und Nacht …*

▼

Elisa: Che espressione seria ha tua mamma in questa foto!

Lucia: Sì, in effetti era un po' nervosa quel giorno! Questi sono i miei nonni, i genitori di mia mamma: Ada, col vestito rosso, e Vittorio, quello con la barba.

Elisa: E questi signori, chi sono?

Lucia: Sono i miei suoceri. Lui si chiama Antonio ed indossa sempre cravatte molto originali e lei è Silvia, quella con la camicetta verde. Sono molto simpatici. Purtroppo, però, vivono a Lecce.

Elisa: E il viaggio di nozze, dove l'avete fatto?

Lucia: Sulle Dolomiti, quindici giorni fra le montagne vicino a Cortina ...

Elisa: *Was für einen ernsten Gesichtsausdruck deine Mutter auf dem Foto macht!*

Lucia: *Ja, in der Tat war sie an diesem Tag ein bisschen nervös. Das sind meine Großeltern, die Eltern meiner Mutter: Ada, mit dem roten Kleid, und Vittorio, der mit dem Bart.*

Elisa: *Und wer sind diese Damen und Herren?*

Lucia: *Das sind meine Schwiegereltern. Er heißt Antonio und trägt immer sehr ausgefallene Krawatten, und sie heißt Silvia, die mit der grünen Bluse. Sie sind sehr sympathisch. Leider jedoch leben sie in Lecce.*

Elisa: *Und die Hochzeitsreise, wo habt ihr sie verbracht?*

Lucia: *In den Dolomiten, 15 Tage in den Bergen in der Nähe von Cortina ...*

1 TR 12 2 Übung 12

1. Ciao, sono Simone! **2.** Chi è Giancarlo? **3.** Questa è mia zia Anna. **4.** Piacere! **5.** Chi sono quei signori? **6.** Chi è tuo marito?

1 TR 15 3 Übung 1

Elisa: ... Pronto?

Francesca: Pronto, Elisa! Sono io, Francesca! Come stai?

Elisa: Bene, bene e tu?

Francesca: Bene, grazie. Senti, hai voglia di andare al cinema venerdì sera?

▼

Elisa: *... Hallo?*

Francesca: *Hallo, Elisa! Ich bin's, Francesca! Wie geht's Dir?*

Elisa: *Gut, gut, und Dir?*

Francesca: *Gut, danke. Hör mal, hast Du Lust, am Freitagabend ins Kino zu gehen?*

▼

Elisa: Mi dispiace, ma venerdì non posso: ho il corso di nuoto. Che ne dici di sabato?
Francesca: Va bene, a che ora?
Elisa: Mah, non so ... Va bene alle otto?
Francesca: Alle otto mi sembra un po' presto, meglio un po' più tardi.
Elisa: Allora possiamo andare allo spettacolo delle undici. Perché prima non andiamo a bere qualcosa? Verso le dieci?
Francesca: Perfetto! E dove ci vediamo?
Elisa: Che ne dici di vederci davanti al bar centrale?
Francesca: Va bene. Allora a sabato. Ciao.
Elisa: Ciao.

1 TR18 3 Übung 5

lunedì, martedì, mercoledì, giovedì, venerdì, sabato, domenica, il mese, la settimana

1 TR19 3 Übung 7

1. Non sono le dieci. **2.** Non posso venire lunedì alle tre. **3.** Non veniamo sabato mattina. **4.** Luca e Marco non hanno voglia di andare al cinema.

Elisa: *Tut mir leid, aber am Freitag kann ich nicht: da habe ich Schwimmkurs. Was hältst Du von Samstag?*
Francesca: *Ok, um wie viel Uhr?*
Elisa: *Hm, ich weiß nicht ... Ist acht ok?*
Francesca: *Acht Uhr erscheint mir etwas früh, lieber ein bisschen später.*
Elisa: *Also können wir in die Elf-Uhr-Vorstellung gehen. Warum gehen wir vorher nicht etwas trinken? Gegen zehn?*
Francesca: *Super! Und wo treffen wir uns?*
Elisa: *Wie wäre es denn, wenn wir uns vor dem Café im Zentrum treffen?*
Francesca: *Ok. Also bis Samstag. Tschüss.*
Elisa: *Tschüss.*

1 TR22 3 Übung 16

1. chiave; **2.** chiamarsi; **3.** ghepardo; **4.** ghiro; **5.** ringhiera; **6.** chiodo; **7.** cinese; **8.** gelato; **9.** casa; **10.** guerra; **11.** giovane; **12.** chiocciola

1 TR23 Entspannungstag 1 Übung 2

zio, nonno, suocero, cognata, figlio, padre, zia, sorella, marito, cugino, moglie, nonna, cugina

TR24 Entspannungstag 1
Übung 4

sette, due, trentatré, mille, undici, uno, duemilacentoventuno, diciannove, ventinove, mille duecento, trentuno, un milione cinquecento settantamila, settecentouno, settecento, cinque, cinquantacinque, cinquantuno, cento, duecentocinquantasette, duecentocinquantotto, tremila settecentosettantasei, tremila settecentosettantasette, dieci

TR25 4 Übung 1

Alberti: Pronto?
Mauro: Pronto, sono Mauro Pagani e chiamo per quell'annuncio sulla casa in affitto …
Alberti: Sì, ho capito. Se vuole può vederla anche oggi.
Mauro: Molto volentieri! Quando potremmo passare?
Alberti: Le va bene questa sera?
Mauro: Benissimo! Verso le cinque?
Alberti: Sì, alle cinque va bene. Arrivederci, allora!

…

Mauro: Buonasera! Sono Mauro Pagani e questa è mia moglie …
Alberti: Buonasera! Alberti, piacere! Prego, entrate! Questo è il corridoio … qui c'è il soggiorno con una bellissima vista sul mare.
Francesca: È molto grande e luminoso!
Alberti: Questa è la cucina.
Francesca: È stupenda!
Alberti: Questo è il bagno più grande con la vasca da bagno. Vi piace?
Francesca: Sì, molto.

▼

Alberti: *Hallo?*
Mauro: *Hallo, ich heiße Mauro Pagani und rufe an wegen der Anzeige für das Mietshaus …*
Alberti: *Ja, ich habe verstanden. Wenn Sie wollen, können Sie es auch heute sehen.*
Mauro: *Sehr gerne! Wann könnten wir vorbeikommen?*
Alberti: *Passt es Ihnen heute Abend?*
Mauro: *Sehr gut! Gegen fünf?*
Alberti: *Ja, um fünf ist ok. Also, auf Wiedersehen!*

…

Mauro: *Guten Abend! Ich bin Mauro Pagani und das ist meine Frau …*
Alberti: *Guten Abend! Alberti, angenehm! Bitte, treten Sie ein! Das ist der Flur … hier ist das Wohnzimmer mit einem wunderbaren Blick aufs Meer.*
Francesca: *Es ist sehr groß und hell!*
Alberti: *Das ist die Küche.*
Francesca: *Sie ist fantastisch!*
Alberti: *Das ist das größere Bad mit der Badewanne. Gefällt es Ihnen?*
Francesca: *Ja, sehr.*

▼

Mauro: Quant'è l'affitto?
Alberti: 555 € al mese.
Mauro: Potrebbe andar bene.
Francesca: Possiamo vedere le camere da letto?
Alberti: Certamente … venite! Ecco le tre camere da letto.
Mauro: Che belle!
Alberti: E questo è il bagno più piccolo e da questa parte c'è la terrazza.

Mauro: *Wie hoch ist die Miete?*
Alberti: *555 € pro Monat.*
Mauro: *Das könnte gehen.*
Francesca: *Können wir die Schlafzimmer sehen?*
Alberti: *Sicher … kommen Sie! Hier sind die drei Schlafzimmer.*
Mauro: *Wie schön!*
Alberti: *Und das ist das kleinere Badezimmer und auf dieser Seite ist die Terrasse.*

1 TR 30 5 Übung 1

Mauro: Mi scusi, mi sa dire come arrivare alla stazione?
Passante: Per andare alla stazione deve seguire questa strada fino al terzo incrocio. Poi deve girare a destra, in un viale molto grande. Deve andare sempre diritto, attraversare un parco e passare davanti a una chiesa. Dopo la chiesa a destra c'è la stazione.
Mauro: Grazie mille!

Mauro: *Entschuldigen Sie, können Sie mir sagen, wie man zum Bahnhof kommt?*
Passant: *Um zum Bahnhof zu kommen, müssen Sie dieser Straße bis zur dritten Kreuzung folgen. Dann müssen Sie rechts abbiegen, in eine sehr große Allee. Sie müssen immer geradeaus gehen, einen Park durchqueren und an einer Kirche vorbeigehen. Nach der Kirche rechts ist der Bahnhof.*
Mauro: *Vielen Dank!*

1 TR 32 5 Übung 7

1. Torna indietro! / Torni in dietro!, **2.** Gira a destra! / Giri a destra!, **3.** Attraversa la strada! / Attraversi la strada!, **4.** Chiedi informazioni! / Chieda informazioni!, **5.** Segui le indicazioni stradali! / Segua le indicazioni stradali!

TR 33 5 Übung 8

Federica: Finalmente siamo a Genova!
Angela: Eh sì!
Federica: Allora, vediamo sulla cartina se il centro è lontano dalla stazione.
Angela: Forse sì.
Federica: Ma no, ci vogliono al massimo venti minuti a piedi.
Angela: Ma io sono stanca!
Federica: Va bene, allora andiamo in autobus.
Angela: Mi scusi, signore, mi sa indicare un bus per il centro?
un passante: Certo. Le linee 2, 3 5 e 10 vanno in centro.
Angela: Quanto tempo ci mettiamo in autobus?
un passante: Cinque minuti, non è lontano. Sono solo due fermate.
Angela: Ok. La ringrazio e buona giornata.
un passante: Di niente e buona permanenza qui a Genova!
Federica e Angela: Grazie.
...
Angela: Oh, il bus numero cinque è lì.
Federica: Ah sì, eccolo!
Angela: Saliamo!

Federica: Endlich sind wir in Genua!
Angela: Oh ja!
Federica: Ok, sehen wir auf der Karte nach, ob das Zentrum weit vom Bahnhof entfernt ist.
Angela: Ja, vielleicht.
Federica: Aber nein, man braucht höchstens 20 Minuten zu Fuß.
Angela: Aber ich bin müde!
Federica: Na gut, dann nehmen wir den Bus.
Angela: Entschuldigen Sie, können Sie mir einen Bus zeigen, der ins Zentrum fährt?
ein Fußgänger: Klar. Die Linien 2, 3, 5 und 10 fahren ins Zentrum.
Angela: Wie lange brauchen wir mit dem Bus?
ein Fußgänger: Fünf Minuten, es ist nicht weit. Es sind nur zwei Haltestellen.
Angela: Ok. Ich danke Ihnen, und einen schönen Tag.
ein Fußgänger: Keine Ursache, und einen schönen Aufenthalt hier in Genua!
Federica und Angela: Danke.
...
Angela: Oh, der Bus Nummer fünf ist da.
Federica: Oh ja, da ist er!
Angela: Steigen wir ein!

TR 35 5 Übung 12

1. Eccola!, **2.** Eccolo!, **3.** Eccoli!, **4.** Eccole!

TR 36 5 Übung 13

spesso; stanca; ospedale; spiaggia; mi dispiace; stop; strada

TR38 6 Übung 1

Andrea: È tanto tempo che non vedo Anna. Che cosa fa?
Gianni: Beh, Anna lavora in una scuola a Milano … è insegnante di Italiano.
Andrea: E Francesco, vive qui a Bologna?
Gianni: Sì, è medico e lavora al San Giovanni. E tu sei ancora all'Hotel Oasi?
Andrea: No, ora sono all'Hotel Rondine e sono direttore della reception.
Gianni: Bene! E Cinzia cosa fa?
Andrea: Ha avuto due bambini e fa la casalinga. Sua sorella Maria fa la hostess adesso. Le piace molto viaggiare e conoscere nuovi paesi.
Gianni: Non mi dire! Piuttosto, sai che Stefano fa il tennista di professione? Gioca spesso in Germania …
Andrea: E tu Gianni? Di che ti occupi?
Gianni: Purtroppo al momento non ho lavoro. Sono disoccupato.
Andrea: Mi dispiace!
Gianni: Spero comunque di trovare qualcosa in un ristorante o in un albergo … altrimenti di diventare capo di me stesso, fondare una ditta e mettermi in proprio.

Andrea: Ich habe Anna schon lange nicht gesehen. Was macht sie jetzt?
Gianni: Also, Anna arbeitet in einer Schule in Mailand … Sie ist Italienischlehrerin.
Andrea: Und Francesco, wohnt er hier in Bologna?
Gianni: Ja, er ist Arzt und arbeitet im Krankenhaus San Giovanni. Und du, arbeitest Du noch im Hotel Oasi?
Andrea: Nein, ich arbeite jetzt im Hotel Rondine als Empfangschef.
Gianni: Wie toll! Und was macht Cinzia?
Andrea: Sie hat zwei Kinder und ist Hausfrau. Ihre Schwester Maria arbeitet jetzt als Flugbegleiterin. Es gefällt ihr sehr zu reisen und andere Länder kennenzulernen.
Gianni: Was Du nicht sagst! Und weißt Du, dass Stefano Tennisspieler ist? Er spielt oft in Deutschland …
Andrea: Und Du Gianni? Was machst Du?
Gianni: Leider habe ich im Moment keine Arbeit. Ich bin arbeitslos.
Andrea: Wie schade!
Gianni: Ich hoffe jedenfalls, in einem Restaurant oder Hotel etwas zu finden … oder mein eigener Chef zu sein, eine Firma zu eröffnen und selbstständig zu sein.

TR40 6 Übung 3

Ciao, sono Rosanna Tutino e faccio la guida turistica presso il museo provinciale di Torino. Mio marito, Domenico, fa
▼

Hallo, ich bin Rosanna Tutino und arbeite als Touristenführerin im Landesmuseum von Turin. Mein Ehemann, Domenico, ist
▼

l'ingegnere e i miei due figli, Nicola e Mario, fanno entrambi i poliziotti in Sicilia.

Ingenieur und meine zwei Kinder Nicola und Mario arbeiten beide bei der Polizei in Sizilien.

1 TR41 6 Übung 5

1. Un barista lavora in un bar. **2.** Un impiegato lavora in un ufficio. **3.** Una farmacista lavora in una farmacia. **4.** Un medico lavora in un ospedale. **5.** Un hostess lavora in un aereo.**6.** Una donna di servizio lavora in un albergo.

1 TR42 6 Übung 6

Il dottore – la dottoressa; il segretario – la segretaria; l'attore – l'attrice; il giornalista – la giornalista; il professore – la professoressa; il rappresentante – la rappresentante; il cliente – la cliente; il farmacista – la farmacista; il maestro – la maestra; l'investigatore – l'investigatrice; l'animatore – l'animatrice

2 TR01 7 Übung 1

Venditore: Cosa desidera?
Cliente: Mi dia un chilo di pomodori, tre cipolle e dell'aglio, per favore.
Venditore: Altro?
Cliente: Sì, un chilo e mezzo di arance.
Venditore: Ecco a Lei.
Cliente: Quanto costano le pere?
Venditore: Un euro e venti al chilo.
Cliente: Allora, vorrei un chilo di pere, per favore.
Venditore: Desidera ancora qualcos'altro?
Cliente: No, grazie, va bene così. Quant'è?
Venditore: Sono quattro euro e venti.

Verkäufer: Was wünschen Sie?
Kunde: Geben Sie mir bitte ein Kilo Tomaten, drei Zwiebeln und Knoblauch.
Verkäufer: Noch etwas?
Kunde: Ja, eineinhalb Kilo Orangen.
Verkäufer: Hier bitte.
Kunde: Wie viel kosten die Birnen?
Verkäufer: Ein Euro zwanzig das Kilo.
Kunde: Dann möchte ich ein Kilo Birnen, bitte.
Verkäufer: Möchten Sie noch etwas?
Kunde: Nein, danke, das ist alles. Wie viel kostet es?
Verkäufer: Das macht vier Euro zwanzig.

2 TR04 7 Übung 5

1. le cipolle; **2.** gli asparagi; **3.** le carote; **4.** i peperoni; **5.** la lattuga; **6.** i cetrioli; **7.** le patate; **8.** i pomodori; **9.** il cavolfiore; **10.** l'aglio

2 TR05 7 Übung 9

Cameriere: Buonasera signori. Ecco il menu.
Mauro: Grazie.
Francesca: Cosa ci consiglia?
Cameriere: Come primo piatto vi consiglio le lasagne al pesto e di secondo l'arista di maiale.
Francesca: Non ho voglia di mangiare carne oggi. Prendo le lasagne al pesto e un'insalata mista di contorno.
Cameriere: Perfetto. E Lei?
Mauro: Allora, come antipasto prendo le verdure sott'olio e di secondo l'arista di maiale.
Cameriere: E da bere?
Mauro: Francesca, ti va un vino rosso secco?
Francesca: No, preferisco un vino bianco e una bottiglia di acqua minerale naturale.
Mauro: Io prendo il vino rosso.
Cameriere: Benissimo, ve lo porto subito.
...
Mauro: Allora, come sono le lasagne?
Francesca: Sono squisite. Ne vuoi assaggiare un po'?
Mauro: No, grazie. Anche la carne è buonissima.
...
Cameriere: Desiderate un dessert?
▼

Cameriere: *Guten Abend. Hier haben Sie die Speisekarte.*
Mauro: *Danke.*
Francesca: *Was können Sie uns empfehlen?*
Cameriere: *Als Vorspeise empfehle ich Ihnen die Lasagne mit Pesto und als Hauptspeise Schweinerücken.*
Francesca: *Ich habe heute keine Lust, Fleisch zu essen. Ich nehme die Lasagne mit Pesto und als Beilage einen gemischten Salat.*
Cameriere: *Sehr gut. Und Sie?*
Mauro: *Für mich als Vorspeise das eingelegte Gemüse und als Hauptspeise den Schweinerücken.*
Cameriere: *Und zu trinken?*
Mauro: *Francesca, trinken wir einen schönen trockenen Rotwein?*
Francesca: *Nein, Ich nehme lieber einen Weißwein und eine Flasche Mineralwasser ohne Kohlensäure.*
Mauro: *Ich nehme den Rotwein, bitte.*
Cameriere: *Gut, kommt sofort.*
...
Mauro: *Und, wie schmeckt die Lasagne?*
Francesca: *Sie ist sehr lecker. Möchtest Du davon probieren?*
Mauro: *Nein danke. Das Fleisch ist auch sehr gut.*
...
Cameriere: *Möchten Sie einen Nachtisch?*
▼

Francesca: Oh sì, grazie. Vorrei un gelato misto.
Cameriere: E Lei?
Mauro: Per me niente, grazie.
…
Mauro: Francesca, vuoi un caffè anche tu?
Francesca: No, oggi no.
Mauro: Cameriere, mi scusi, mi porta un caffè e il conto, per favore?
Cameriere: Certo, subito!

Francesca: *Ja, bitte. Ich möchte ein gemischtes Eis.*
Cameriere: *Und Sie?*
Mauro: *Für mich nichts, danke.*
…
Mauro: *Francesca, möchtest Du auch einen Espresso?*
Francesca: *Nein danke. Heute nicht.*
Mauro: *Entschuldigen Sie, bringen Sie mir bitte einen Espresso und die Rechnung?*
Cameriere: *Kommt sofort.*

2 TR07 7 Übung 13

Cosa desidera?; Prendi un caffè?;
Volete della pasta?

2 TR10 8 Übung 1

Giornalista: Presentiamo adesso alcuni giovani, ai quali facciamo delle domande sul loro tempo libero. Ciao, scusa, hai un momento per un intervista per il programma Tempo Libero di Radio 1?
Mauro: Beh, sì.
Giornalista: Come ti chiami? Da dove vieni?
Mauro: Mi chiamo Mauro e vengo da La Spezia.
Giornalista: Mauro, fai sport nel tuo tempo libero?
Mauro: Certo, mi piace molto fare sport.
Giornalista: Quale sport pratichi?
▼

Journalistin: *Wir werden einigen jungen Leuten Fragen zu ihren Freizeitaktivitäten stellen … Hallo, hast du ein Moment Zeit für ein Interview für das Programm Tempo libero von Radio 1?*
Mauro: *Ja.*
Journalistin: *Wie heißt du? Und woher kommst du?*
Mauro: *Ich heiße Mauro und bin aus La Spezia.*
Journalistin: *Mauro, treibst du Sport in deiner Freizeit?*
Mauro: *Ja, ich treibe gerne Sport.*
Journalistin: *Welchen Sport treibst du?*
▼

Mauro: Per esempio mi piace molto nuotare, adoro molto anche andare al mare per fare immersioni e fare surf.

Giornalista: Pratichi qualche altro sport?

Mauro: Sì, gioco a tennis, a calcio e se c'è abbastanza neve in montagna adoro sciare.

Giornalista: E cos'altro ti piace fare nel tempo libero?

Mauro: Beh, adoro uscire con gli amici e andare al cinema, in un pub, ma guardo volentieri anche la TV e la domenica adoro dormire.

Giornalista: Ok, ti ringrazio per l'intervista.

Mauro: Di niente, ciao!

Giornalista: Ciao!

Mauro: Zum Beispiel schwimme ich gerne. Ich gehe auch gerne ans Meer … zum Tauchen und auch zum Windsurfen.

Journalistin: Treibst du noch einen anderen Sport?

Mauro: Ja, ich spiele Tennis, Fußball und wenn genug Schnee in den Bergen liegt, liebe ich es Ski zu fahren.

Journalistin: Und welche andere Freizeitaktivitäten machst du gerne?

Mauro: Also, ich gehe gerne mit meinen Freunden aus: ins Kino, in Kneipen … aber ich sehe auch gern fern und sonntags schlafe ich.

Journalistin: Ok. Ich danke dir für das Interview.

Mauro: Nichts zu danken. Tschüss.

Journalistin: Tschüss.

2 TR 12 8 Übung 4

Durante il tempo libero mi piace molto uscire con gli amici. Mi piace andare al cinema, però non mi interesso molto di teatro. Adoro ascoltare la musica anche se non mi piace suonare. Non mi piace neppure praticare sport. Vado volentieri al ristorante; adoro anche viaggiare e leggere libri. Mi piacciono particolarmente i gialli. Guardare la televisione? No, non mi piace molto.

In meiner Freizeit gehe ich sehr gerne mit Freunden aus. Ich gehe gerne ins Kino, für das Theater interessiere ich mich jedoch nicht so sehr. Ich liebe es Musik zu hören, auch wenn ich selbst nicht gerne Musik mache. Sport mag ich auch nicht. Ich gehe gerne ins Restaurant; ich liebe es auch zu reisen und Bücher zu lesen. Vor allem gefallen mir die Krimis. Fernsehen? Nein, das mag ich nicht so sehr.

2 TR 13 8 Übung 5

1. Nel tempo libero adoro suonare la chitarra. **2.** Mi piace imparare le lingue. **3.** Mi piace molto giocare al computer e guardare la televisione. **4.** Quando ho un po' di tempo libero ascolto musica classica, vado all'opera o a teatro. **5.** Mi piace molto fare shopping. Compro tanti abiti e soprattutto scarpe. **6.** Il venerdì finisco di lavorare alle due e vado a giocare a calcio. **7.** Imparo le lingue perché adoro viaggiare.

2 TR 15 8 Übung 9

Commessa: Buongiorno! Cosa desidera?
Francesca: Buongiorno. Vorrei un paio di pantaloni.
Commessa: Che taglia porta?
Francesca: La 42 o la 44, dipende dal modello.
Commessa: E di che colore vorrebbe i pantaloni?
Francesca: Ha qualcosa in blu o in nero?
Commessa: Vediamo ... ho dei pantaloni neri, cosa ne dice?
Francesca: Non so, li posso provare? Dov'è il camerino?
Commessa: Il camerino è là, in fondo al corridoio ...
Francesca: Come Le sembrano? Non sono un po' troppo larghi?
Commessa: Sì, sono un po' larghi.
Francesca: Mi porta una taglia più piccola, per favore?
Commessa: Ma certo! Ecco a Lei! Questa è una 42.
Francesca: Sono perfetti! Ha un cardigan bianco o blu?

▼

Verkäuferin: Guten Tag! Was wünschen Sie?
Francesca: Guten Tag. Ich hätte gern eine Hose.
Verkäuferin: Welche Größe tragen Sie?
Francesca: 42 oder 44, das hängt vom Modell ab.
Verkäuferin: Und in welcher Farbe wünschen Sie die Hose?
Francesca: Haben Sie etwas in blau oder schwarz?
Verkäuferin: Mal sehen ... ich habe eine schwarze Hose, was sagen Sie zu der?
Francesca: Ich weiß nicht, kann ich sie anprobieren? Wo ist die Umkleidekabine?
Verkäuferin: Die Umkleidekabine ist dort, am Ende des Flurs ...
Francesca: Wie finden Sie sie? Ist sie nicht ein bisschen zu groß?
Verkäuferin: Ja, sie ist ein bisschen groß.
Francesca: Bringen Sie mir bitte eine kleinere Größe?
Verkäuferin: Aber sicher! Hier bitte! Das ist Größe 42.
Francesca: Die ist perfekt! Haben Sie eine Weste in weiß oder blau?

▼

Commessa: Ecco, Le piace?
Francesca: Mi piace molto, ma mi sta un po' stretto.
Commessa: Purtroppo non abbiamo una taglia più grande.
Francesca: Vabbè, allora prendo i pantaloni. Quanto costano?
Commessa: 75 euro.
Francesca: Benissimo.
Commessa: Paga con la carta di credito o in contanti?
Francesca: Pago con la carta, se è possibile.

Verkäuferin: *Hier, gefällt sie Ihnen?*
Francesca: *Sie gefällt mir sehr, aber sie ist ein bisschen eng.*
Verkäuferin: *Leider haben wir keine größere Größe.*
Francesca: *Na gut, dann nehme ich die Hose. Wie viel kostet sie?*
Verkäuferin: *75 Euro.*
Francesca: *Sehr gut.*
Verkäuferin: *Zahlen Sie mit Kreditkarte oder in bar?*
Francesca: *Ich zahle mit Karte, wenn es möglich ist.*

2 TR 18 8 Übung 12

1. Vorrei un paio di pantaloni blu.
2. Mi dispiace, ho solo delle gonne blu.
3. Le piace questa t-shirt nera? **4.** No, preferisco, la t-shirt bianca. **5.** Potrei provare questo cardigan marrone?
6. Sì, certo. Se vuole, ho anche una giacca marrone. **7.** Ho una camicetta arancione molto carina. **8.** No, grazie. Io vorrei una sottogiacca arancione. **9.** Ti piace il mio nuovo cappello nero? **10.** E il cappotto bianco? **11.** Vorrei una sciarpa rosa e … un cappello rosa. **12.** Che bella quella maglia gialla! **13.** Io preferisco il cardigan giallo.

2 TR 21 9 Übung 1

Segretaria: Buongiorno, in cosa posso esservi utile?
Mauro: Buongiorno! Abbiamo prenotato una camera doppia con bagno dal 15 al 25 settembre.
Segretaria: Il Suo nome, per favore?
Mauro: Pagani.
Segretaria: Sì, eccolo qui, una doppia con bagno, camera numero 5.
▼

Sekretärin: *Guten Tag, wie kann ich Ihnen helfen?*
Mauro: *Guten Tag. Wir haben ein Doppelzimmer mit Bad vom 15. bis 25. September reserviert.*
Sekretärin: *Ihren Namen, bitte?*
Mauro: *Pagani.*
Sekretärin: *Ah, ja. Hier ist es. Ein Doppelzimmer mit Bad. Zimmernummer 5.*
▼

Mauro: A che ora si può fare colazione?
Segretaria: La colazione è dalle 7 alle 10 nella sala da pranzo qui a destra accanto al bar.
Mauro: E la piscina, dov'è?
Segretaria: Qui a sinistra, può vederla da quella finestra.
Mauro: Avete anche una cassaforte?
Segretaria: Sì, potete consegnare a noi i vostri oggetti di valore, se volete. Avete molti bagagli?
Mauro: No no, solo due valige. Benissimo. Dov'è la camera?
Segretaria: Al primo piano. Potete prendere l'ascensore o salire per le scale subito qui accanto alla reception.
Mauro: Va bene, grazie!
Segretaria: Potreste compilare il modulo per la registrazione, per favore?
Mauro: Certamente ... Ecco a Lei!
Segretaria: Grazie. Ecco a Lei la chiave.

Mauro: *Wann und wo kann man frühstücken?*
Sekretärin: *Das Frühstück ist von 7.00 bis 10.00 im Esszimmer, hier rechts, neben der Bar.*
Mauro: *Und wo ist das Schwimmbad?*
Sekretärin: *Hier links. Sie können es durch das Fenster sehen.*
Mauro: *Haben Sie auch einen Safe?*
Sekretärin: *Ja, wenn Sie wünschen, können Sie dort Ihre Wertsachen aufbewahren. Haben Sie viel Gepäck?*
Mauro: *Nein, nein. Nur zwei Koffer. Sehr gut. Wo ist das Zimmer?*
Sekretärin: *Im ersten Stock. Sie können mit dem Fahrstuhl fahren oder die Treppe hinaufgehen, gleich hier neben der Rezeption.*
Mauro: *Gut, danke.*
Sekretärin: *Könnten Sie bitte dieses Anmeldeformular ausfüllen?*
Mauro: *Ja, klar. ... Hier ist es.*
Sekretärin: *Danke. Hier haben Sie den Schlüssel.*

2 TR 23 9 Übung 3

L'Hotel Stella Marina organizza ogni mercoledì una gita per i propri ospiti.
Partenza dalla hall dell'albergo alle ore 9 e 30.
Gita in battello da Villasimius alla città di Pula.
Visita al museo archeologico di Pula.
Al suo interno i reperti archeologici provenienti dalla vicina zona archeologica di Nora.

▼

Das Hotel Stella Marina organisiert jeden Mittwoch einen Ausflug für die eigenen Gäste.
Abfahrt ist um 9.30 an der Eingangshalle des Hotels. Ausflug im Boot von Villasimius nach Pula.
Besuch des archäologischen Museums von Pula mit archäologischen Funden aus dem naheliegenden archäologischen Gebiet von Nora.

▼

Visita alla bellissima chiesa di Sant'Efisio a Pula, un edificio risalente al dodicesimo secolo.
Proseguimento per Nora, la più antica città sarda.
Visita del centro storico.
Visita con guida turistica al tempio romano e agli scavi archeologici di Nora, da dove si gode un bellissimo panorama sul mare.
Visita alle terme centrali con il meraviglioso mosaico risalente al terzo secolo dopo Cristo.
Proseguimento della passeggiata lungo la "Via Sacra" fino al famoso "Tempio di Esculapio".
Il ritorno è previsto per le ore 18.
Prezzo andata e ritorno: adulti 25 euro, bambini 15 euro.

Besuch der wunderschönen Kirche von Sant'Efisio in Pula, einem Gebäude aus dem 12. Jahrhundert. Weiterreise nach Nora, der ältesten Stadt Sardiniens. Besuch des historischen Stadtzentrums.
Besuch mit Reiseleiter des römischen Tempels und der archäologischen Ausgrabungen von Nora, von wo aus man einen wunderschönen Blick aufs Meer genießen kann.
Besuch der „zentralen Thermen" mit dem sagenhaften Mosaik aus dem 3. Jahrhundert nach Christus.
Fortsetzung des Ausflugs entlang der „heiligen Straße" bis zum berühmten „Äskulaptempel".
Die Rückkehr ist für 18.00 vorgesehen.
Preis für Hin- und Rückfahrt: Erwachsene 25 €, Kinder 15 €

2 TR 24 9 Übung 5

mangiato; studiato; potuto; voluto; dovuto; finito; proseguito

2 TR 25 9 Übung 11

1. È davvero un bel panorama! **2.** Hai un bello studio. Complimenti! **3.** Si vende un bell'appartamento in Via Dante. **4.** A Roma ci sono tanti bei monumenti. **5.** Che begli specchi! **6.** Si affittano begli appartamenti in via Cicciotti. **7.** Ho ricevuto una bella cartolina dalla Spagna. **8.** È una bella idea! **9.** Ho mandato delle belle cartoline ai miei amici. **10.** Marco ha trovato finalmente un buon lavoro. **11.** Antonio, sei davvero un buon amico. **12.** Prendo un buono stipendio mensile: 2.000 euro! Non posso lamentarmi. **13.** Marco e Fabio sono dei buoni amici. **14.** È stata proprio una buona giornata! **15.** Avete avuto proprio una buon'idea! Bravi! **16.** A settembre ci sono state delle buone giornate.

2 TR28 Entspannungstag 3

Übung 2

1. Suona la chitarra molto bene. **2.** Al sabato adoro fare shopping con un'amica. **3.** Mi piace viaggiare nei paesi esotici. **4.** Non mi piace per nulla sciare. **5.** Le piace molto fare immersioni? **6.** Hai voglia di andare a ballare stasera? **7.** Cosa fai nel tempo libero? **8.** Adoro leggere Dacia Maraini. **9.** Io? Dipingere? No. **10.** Andiamo al cinema a vedere l'ultimo film di Pieraccioni? **11.** La domenica mi piace solo dormire. **12.** In estate mi piace molto nuotare. **13.** Alla sera mi piace guardare la TV.

2 TR29 10 Übung 1

Intervistatrice: Buongiorno, gentili ascoltatori! Benvenuti al nostro programma "A tutta natura". Oggi presentiamo un'indagine sulla raccolta differenziata nelle diverse regioni d'Italia. Ascoltiamo alcune interviste in proposito ... Ciao! Come ti chiami e da dove vieni?

Federico: Mi chiamo Federico, vengo da Napoli ma abito a Bologna da diversi anni.

Intervistatrice: Cosa ne pensi della raccolta differenziata?

Federico: Sono completamente favorevole, lo ritengo un ottimo sistema per proteggere l'ambiente dai rifiuti ...

Intervistatrice: Buongiorno! E Lei, come si chiama?

Dino: Mi chiamo Dino, vengo da Trapani, dove vivo con mia moglie Carmela.

Intervistatrice: Qual è sua opinione sulla raccolta differenziata?

▼

Interviewerin: Guten Tag, liebe Hörer! Willkommen zu unserem Programm „Natur pur". Heute präsentieren wir eine Umfrage zur Mülltrennung in den verschiedenen Regionen Italiens. Wir hören einige Beiträge zu diesem Thema ...Hallo! Wie heißt Du und woher kommst Du?

Federico: Ich heiße Federico, komme aus Neapel, wohne aber seit einigen Jahren in Bologna.

Interviewerin: Was hältst Du von der Mülltrennung?

Federico: Ich bin absolut dafür, ich halte das für ein optimales System, um die Umwelt vor Müllverschmutzung zu schützen ...

Interviewerin: Guten Tag! Und Sie, wie heißen Sie?

Dino: Ich heiße Dino, komme aus Trapani, wo ich mit meiner Frau Carmela lebe.

Interviewerin: Was ist Ihre Meinung zur Mülltrennung?

▼

Dino: Non so. A me non sembra un'idea molto intelligente: per arrivare ai bidoni del vetro devo camminare per un chilometro con le bottiglie in mano e ormai sono anziano.

Intervistatrice: Anche Lei, Signora Carmela, la pensa come Suo marito?

Carmela: Sì, anch'io sono contraria.

Intervistatrice: Come mai?

Carmela: Vede, siamo anziani entrambi, non possiamo più portare borse pesanti per un lungo tragitto. E poi non mi piace avere spazzatura in casa per tanto tempo.

Intervistatrice: Infine, ecco l'ultima intervista. Come ti chiami?

Elisa: Sono Elisa e abito a Treviso.

Intervistatrice: Cosa ne pensi della raccolta differenziata?

Elisa: Secondo me è un'ottima soluzione per lo smaltimento dei rifiuti, ma solo se è ben organizzata e la gente è informata, altrimenti è solo uno spreco di denaro.

Dino: Ich weiß nicht, mir scheint es keine sehr intelligente Idee zu sein: um zu den Altglascontainern zu kommen, muss ich einen Kilometer mit den Flaschen in der Hand laufen, und ich bin ja schon alt.

Interviewerin: Denken Sie auch so wie Ihr Mann, Frau Carmela?

Carmela: Ja, auch ich bin dagegen.

Interviewerin: Wieso?

Carmela: Sehen Sie, wir sind beide alt, und wir können nicht mehr schwere Taschen über eine längere Strecke tragen. Und dann mag ich es nicht, Abfälle über längere Zeit im Haus zu haben.

Interviewerin: Schließlich hier das letzte Interview. Wie heißt Du?

Elisa: Ich bin Elisa und wohne in Treviso.

Interviewerin: Wie denkst Du über die Mülltrennung?

Elisa: Meiner Meinung nach ist es eine optimale Lösung für die Müllentsorgung, aber nur, wenn sie gut organisiert ist und die Menschen informiert sind. Ansonsten ist es nur Geldverschwendung.

2 TR 33 10 Übung 8

Io e il mio ragazzo adoriamo gli animali, ma non abbiamo animali in casa. A me piacciono in generale tutti gli animali domestici ed in particolare i cani. Il mio ragazzo preferisce invece i gatti perché hanno il pelo più morbido e hanno spesso dei begli occhi.

Mein Freund und ich lieben Tiere, aber wir haben keine Tiere zu Hause. Generell mag ich alle Haustiere und ganz besonders Hunde. Mein Freund dagegen mag lieber Katzen, weil sie ein weicheres Fell und oft schöne Augen haben.

2 TR37 10 Übung 12

Nei prossimi giorni il tempo non cambierà molto. Continueranno la pioggia e il freddo. Forse tornerà il bel tempo, ma non sarà più come in estate. Al nord e al centro il cielo sarà molto nuvoloso e in Veneto pioverà. Al Sud sarà poco nuvoloso; in Sicilia il cielo sarà sereno. La temperatura aumenterà al sud, diminuirà al centro e al nord.

2 TR38 10 Übung 14

1. raccolta, **2.** spazzatura, **3.** riciclaggio, **4.** biglietto, **5.** cambieranno, **6.** autunno, **7.** freddo, **8.** cavallo, **9.** dobbiamo, **10.** possiamo

2 TR40 11 Übung 1

Segretaria: ... Ambulatorio Dott. Sbarbaro.
Mauro: Buongiorno. Ho un mal di stomaco terribile. È possibile fissare un appuntamento per oggi pomeriggio?
Segretaria: L'ambulatorio oggi è aperto dalle quattro alle sette. Vuole venire alle cinque stasera?
Mauro: Alle cinque? Attenda un momento ... Sì, perfetto, alle cinque.
Segretaria: Il suo nome per favore?
Mauro: Mauro Pagani.
Segretaria: Benissimo, Signor Pagani. A stasera alle cinque, allora.
Mauro: D'accordo. Arrivederci.
Segretaria: Arrivederci.
...

Dottore: Avanti! Prego, si sieda. Cos'ha?

▼

Arzthelferin: *... Praxis Doktor Sbarbaro, guten Tag.*
Mauro: *Guten Tag. Ich habe fürchterliche Bauchschmerzen. Ist es möglich, einen Termin für heute Nachmittag zu bekommen?*
Arzthelferin: *Wir haben Sprechstunde von vier bis sieben. Möchten Sie um fünf vorbeikommen?*
Mauro: *Um fünf? Mal sehen, ein Moment ... Ja, perfekt, um fünf.*
Arzthelferin: *Ihren Namen, bitte?*
Mauro: *Mauro Pagani.*
Arzthelferin: *Sehr gut, Herr Pagani. Dann bis heute Nachmittag um fünf.*
Mauro: *Einverstanden. Auf Wiederhören.*
Arzthelferin: *Auf Wiederhören.*
...
Doktor: *Kommen Sie rein. Setzen Sie sich bitte. Was haben Sie?*

▼

Mauro: Sto malissimo, dottore.
Dottore: Dove le fa male?
Mauro: Ho mal di stomaco. Stamattina ho vomitato.
Dottore: Ha febbre o diarrea?
Mauro: No, però sto male. Ho cenato in un ristorante e …
Dottore: Vediamo … Si tolga la camicia per favore e si sdrai sul lettino … Si rilassi. Le fa male qui?
Mauro: Ahi!
Dottore: È solo un'indigestione. Per oggi non mangi nulla e beva solo della camomilla. Domani può mangiare qualcosa di leggero. Ma niente grassi!
Mauro: Non mi prescrive nulla?
Dottore: No, non è necessario. La dieta è sufficiente.
Mauro: Grazie, dottore. Arrivederci.

Mauro: *Doktor, ich fühle mich sehr schlecht.*
Doktor: *Mal sehen. Was tut Ihnen weh?*
Mauro: *Mir tut der Bauch weh. Heute Morgen habe ich mich übergeben.*
Doktor: *Haben Sie Fieber oder Durchfall?*
Mauro: *Nein, aber ich fühle mich sehr schlecht. Ich habe in einem Restaurant gegessen und …*
Doktor: *Mal sehen … Ziehen Sie bitte das Hemd aus und legen Sie sich auf die Liege. Entspannen Sie sich. … Tut es Ihnen hier weh?*
Mauro: *Au!*
Doktor: *Es ist nur eine Verdauungsstörung. Essen Sie heute nichts und trinken Sie Kamillentee. Morgen können Sie dann schon etwas Leichtes essen. Aber nichts Fettiges!*
Mauro: *Werden Sie mir nichts verschreiben?*
Doktor: *Nein, das ist nicht notwendig. Die Diät ist ausreichend.*
Mauro: *Danke. Auf Wiedersehen.*

2 TR 42 11 Übung 4

1. Ho mal di testa. **2.** Andrea ha una frattura al piede. **3.** Mi fanno male gli occhi. **4.** Ho preso un'insolazione. Mi fa male il naso. **5.** A Silvia non fa più male la gamba. **6.** Ho una frattura alla mano.

TR44 11 Übung 13

1. Solitamente la domenica dormo a lungo. **2.** Mi sento offesa moralmente. **3.** Logicamente non ci sono andata! **4.** Naturalmente ci vediamo, no? **5.** Certamente! Leonardo ha risposto gentilmente alle mie domande. **6.** Si comporta amichevolmente con tutti. **7.** Gli ho risposto spontaneamente. **8.** Puoi liberamente rifiutare l'invito. **9.** Ha reagito intelligentemente. **10.** Con i miei nonni mi comporto sempre educatamente. **11.** Clara si muove elegantemente. **12.** Abbiamo mangiato abbondantemente a pranzo. **13.** Ho ricevuto nuovamente una e-mail dal capo. **14.** I prezzi in Italia aumentano stabilmente. **15.** Arriva puntualmente in ritardo! Conformemente alle regole della ditta deve arrivare in ufficio entro le nove del mattino.

TR47 12 Übung 1

Cari telespettatori, siamo giunti alla fine di questa edizione del telegiornale di oggi. Grazie per averci seguito. Vi auguro una buona serata. Rimanete con noi, seguono le previsioni del tempo per domani 23 maggio. Arrivederci.

Lucia: Hai finito il tuo lavoro? Se hai finito, possiamo vedere insieme la televisione, che ne dici?
Carlo: Purtroppo, non ho ancora finito. Ma perché, c'è qualcosa di interessante stasera in TV?
Lucia: Su Rai Uno alle 20.30 inizia un film di Fellini con Marcello Mastroianni.
Carlo: Fellini? Quale film di Fellini?
Lucia: La Dolce Vita.
Carlo: Beh, allora finirò il lavoro domani. Non posso rinunciare ad un grande regista come Fellini e neanche ad un grande attore come Mastroianni.

▼

Liebe Zuschauer, wir sind am Ende dieser Ausgabe der heutigen Nachrichten angelangt. Danke fürs Zuschauen. Wir wünschen Ihnen einen schönen Abend. Bleiben Sie dran, es folgt die Wettervorhersage für morgen, den 23. Mai. Auf Wiedersehen.

Lucia: Hast du deine Arbeit beendet? Wenn du fertig bist, können wir zusammen fernsehen, was sagst du dazu?
Carlo: Leider bin ich noch nicht fertig. Aber warum, gibt es etwas Interessantes heute Abend im Fernsehen?
Lucia: Auf Rai 1 beginnt um 20.30 ein Film von Fellini mit Marcello Mastroianni.
Carlo: Fellini? Welcher Film von Fellini?
Lucia: La Dolce Vita.
Carlo: Na dann werde ich morgen die Arbeit fertig machen. Auf einen so großen Regisseur wie Fellini kann ich nicht verzichten, und auch nicht auf einen so großen Schauspieler wie Mastroianni.

▼

Lucia: Sai, il film ha vinto nel 1960 la Palma d'Oro al Festival di Cannes. Ricordi la scena con la bellissima Anita Ekberg nella Fontana di Trevi?

Carlo: Ah sì, ho capito! Questo film l'ho già visto qualche anno fa ma lo riguarderei volentieri. Nel film Mastroianni è un giornalista che vorrebbe diventare scrittore e gira per le vie di Roma tra nightclub e bar…

Lucia: Esatto! Bene. Mi passi il telecomando, per favore?

Carlo: Certo, eccolo.

Lucia: Grazie. Ecco, vedi, il film è appena iniziato.

Lucia: *Weißt du, der Film hat 1960 die Goldene Palme beim Festival von Cannes gewonnen. Erinnerst du dich an die Szene mit der wunderschönen Anita Ekberg im Trevi-Brunnen?*

Carlo: *Oh ja, ich habe verstanden! Den Film hab ich schon vor ein paar Jahren gesehen, aber ich schau ihn mir gerne noch mal an. In dem Film spielt Mastroianni einen Journalisten, der Schriftsteller werden möchte und durch die Straßen von Rom zieht, in Nachtclubs und Bars …*

Lucia: *Genau! Gut. Gibst du mir die Fernbedienung, bitte?*

Carlo: *Sicher, hier ist sie.*

Lucia: *Danke. Da, schau, der Film hat gerade angefangen.*

2 TR 48 12 Übung 5

1. Non ho mai visto un canale italiano. **2.** Carlo non conosce neanche un canale televisivo spagnolo. **3.** Alla festa di Rosanna non c'era nessuno. **4.** Linda non è più venuta al cinema con noi. **5.** Non abbiamo partecipato a nessun quiz televisivo, però ci piacerebbe tanto.

2 TR 50 12 Übung 8

Laura: Hey Elisa, ultimamente stai sempre seduta davanti al computer. Lo usi spesso?

Elisa: No … lo uso solo per scrivere e leggere e-mail. Spesso faccio anche acquisti on line per me o per mio marito.

▼

Laura: *Hey Elisa, in letzter Zeit sitzst du immer vor dem Computer. Benutzst du den häufig?*

Elisa: *Nein … ich benutze ihn nur, um E-Mails zu schreiben und zu lesen. Oft mache ich auch Online-Einkäufe für mich oder meinen Mann.*

▼

Laura: Ah sì, davvero fai acquisti on line? Io non posso perché non ho una carta di credito. Piuttosto uso il computer per fare ricerche in internet, leggere quotidiani e riviste on line. Prima compravo ogni mattina il quotidiano, ma ora con internet posso leggerlo gratis e soprattutto da casa.

Elisa: Eh sì!

Laura: Poi uso il computer anche per chattare con i miei amici quando ho un po' di tempo libero. Trascorro circa due ore al giorno in internet e spesso la sera mi guardo anche un film al computer.

Elisa: Un film al computer? Ma non hai un televisore?

Laura: No, io ormai faccio quasi tutto col mio computer! Prima guardavo spesso la TV, ma ora non la guardo più. In TV si vedono solo scene di sesso e di violenza.

Elisa: Davvero la pensi così? Io non potrei vivere senza la TV!

Laura: Ach ja, du machst wirklich Online-Einkäufe? Das kann ich nicht, weil ich keine Kreditkarte habe. Ich benutze den Computer eher, um im Internet zu recherchieren und Zeitungen und Zeitschriften online zu lesen. Früher habe ich jeden Morgen eine Zeitung gekauft, aber jetzt mit dem Internet kann ich sie umsonst lesen und vor allem zu Hause.

Elisa: Oh ja!

Laura: Dann benutze ich den Computer noch, um mit meinen Freunden zu chatten, wenn ich ein bisschen Freizeit habe. Ich verbringe ungefähr zwei Stunden pro Tag im Internet und abends schaue ich mir häufig auch einen Film auf dem Computer an.

Elisa: Einen Film auf dem Computer? Hast du denn keinen Fernseher?

Laura: Nein, mittlerweile mache ich fast alles mit meinem Computer! Früher habe ich oft ferngesehen, aber jetzt schaue ich nicht mehr. Im Fernsehen sieht man nur Sex- und Gewaltszenen.

Elisa: Glaubst du das wirklich? Ich könnte ohne das Fernsehen nicht leben!

2 TR 52 12 Übung 13

1. Quante ore alla settimana guardi la TV? **2.** Ascolti spesso la radio? **3.** Spegni la radio! **4.** Leggo ogni giorno il quotidiano. **5.** Ogni tanto compro una rivista di moda. **6.** Accendi il televisore così vediamo il telegiornale! **7.** Ti piace questo programma? **8.** Compra il giornale!

1

Übung 3
5a; 6b; 10c; 4d; 1e; 2f; 3g; 8h; 7i; 9j

Übung 4
1. stai; **2.** vieni; **3.** vive; **4.** stiamo; **5.** vivete; **6.** stanno; **7.** vivono

Übung 5
1d; 2b; 3a; 4c; 5g; 6f; 7e

Übung 6
1c; 2a; 3b; 4a

Übung 7
1. Claudia; **2.** Rossi; **3.** Roma; **4.** Bologna; **5.** italiana; **6.** italiano; **7.** francese e inglese

Übung 9
Maria kommt aus Süditalien. Sie ist dunkelhaarig. Sie hat lange und lockige Haare und schwarze Augen. Sie hat einen dunklen Teint. Sie ist nicht sehr groß, aber ziemlich schlank.
Sie ist sehr offen, spricht mit allen und ist sympathisch. Außerdem ist sie sehr hilfsbereit, sie hilft gerne Freundinnen und Freunden. Sie ist gut und nett. Sie ist intelligent und verantwortungsvoll.
Also, Maria ist wirklich ein schönes und anständiges Mädchen!

Übung 11
1. la barba; **2.** i baffi; **3.** alto; **4.** gli occhiali; **5.** i capelli castani; **6.** i capelli corti

Übung 12
signore; amico; nomi

Übung 14
männlich: il luogo, i cognomi, gli occhi
weiblich: le ragazze, la bellezza, la barba

Übung 15
1a; 2b; 3a

Übung 16
1. alto; **2.** antipatico; **3.** cattiva; **4.** chiuso

Übung 18
1. Roma; **2.** Palermo; **3.** Firenze; **4.** Venezia

2

Übung 1
Questa è; Questo è; Piacere!, Piacere di conoscerti!, Il piacere è mio!

Übung 2
1b; 2c; 3j; 4a; 5i

Übung 3
mia madre; le mie amiche; tuo nonno; i tuoi nonni; suo fratello; i suoi fratelli; nostra figlia; le nostre figlie; vostro nipote, i vostri nipoti; i loro cognati; le loro cognate

Übung 4
1. nipoti; **2.** zio; **3.** cugini; **4.** sorella; **5.** suoceri; **6.** nonni; **7.** figli

Übung 5
m sing = questo / *m pl* = questi
w sing = questa / *w pl* = queste

Übung 6
1a; 2a; 3c; 4a

Übung 7
1c; 2b; 3a

Übung 8
Richtig: 1, 4, 5, 6, 7; *Falsch:* 2, 3

Übung 10
2. Che ragazza simpatica!; **3.** Che giacca elegante!; **4.** Che madre anziana!

Übung 12
1b; 2b; 3a; 4b; 5b; 6a

Übung 13
weicher Laut: Francia, Germania, intelligente, giovane, ciao
harter Laut: capelli, ragazza, lingua

3

Übung 1
Verso le dieci davanti al bar centrale.

Übung 4
1c; 2f; 3h; 4a, 5d; 6b; 7e; 8g

Übung 6
1d; 2f; 3c; 4b; 5e; 6a

Übung 7
1. Non sono le dieci.; **2.** Non posso venire lunedì alle tre.; **3.** Non veniamo sabato mattina.; **4.** Luca e Marco non hanno voglia di andare al cinema.

Übung 8
1c; 2b; 3c; 4a

Übung 9
(io) posso; (tu) puoi; (noi) possiamo; (voi) potete; (loro) possono

Übung 10

Neapel, 15. März 2007

Liebe Marisa,
heute ist der 15. März und es ist dein Geburtstag. Du bist 24! Wie die Zeit vergeht! Oh ja, am 15. März 1983 ist meine Kleine geboren! … Kleine? Nun bist Du nicht mehr klein, Du bist erwachsen. Unglaublich! Vor 24 Jahren? Ja, vor 24 Jahren!!
Das ist der erste Geburtstag, den Du nicht mit Deinen Eltern feierst … Seit einem Jahr bist Du in England und wir haben uns seit Weihnachten nicht gesehen, aber ich denke immer an Dich und schaue oft Deine Fotos an.
Ich wünsche Dir viel Glück und viel Erfolg für Deine Zukunft.
Alles Gute von Mama und Papa.
Herzlichen Glückwunsch zum Geburtstag, Marisa!
Wir haben Dich gern.
Bis bald.

Mama

jemandem zum Geburtstag gratulieren:
1. Ti auguro tanta felicità e tanto successo per il tuo futuro.; **2.** Tanti auguri da mamma e papà.; **3.** Buon compleanno!
das Alter ausdrücken: Hai 24 anni!

Übung 11
1. luglio; **2.** maggio; **3.** novembre; **4.** dicembre; **5.** aprile; **6.** febbraio; **7.** giugno; **8.** gennaio

Übung 14
1a; 2c; 3b; 4a

Übung 15

1. Che bello!; **2.** Chi è lui?; **3.** Mi chiamo Michele.; **4.** Rachele porta gli occhiali.; **5.** Chiara ha i capelli lunghi.; **6.** Margherita ha gli occhi neri.

Übung 16

1. chiave; **2.** chiamarsi; **3.** ghepardo; **4.** ghiro; **5.** ringhiera; **6.** chiodo; **7.** cinese; **8.** gelato; **9.** casa; **10.** guerra; **11.** giovane; **12.** chiocciola

Entspannungstag 1

Übung 1

1. capelli; **2.** occhi; **3.** gentile; **4.** nome; **5.** bello; **6.** amica; **7.** francese;
Lösungswort: cognome

Übung 2

O	C	G	**S**	P	Y	D	M	**C**	**U**	**G**	**I**	**N**	**A**
Q	U	I	Q	**O**	C	Z	L	I	D	Y	N	J	O
E	Y	**C**	E	W	**R**	I	**S**	**U**	**O**	**C**	**E**	**R**	**O**
H	W	U	**O**	O	C	**E**	B	L	O	V	J	Z	V
I	H	C	Y	**G**	K	C	**L**	K	Y	W	V	**M**	**M**
P	E	**Z**	X	L	**N**	Z	U	**L**	T	G	Y	**O**	**A**
T	O	**I**	J	E	Q	**A**	T	N	**A**	E	H	**G**	**R**
Y	**N**	**O**	**N**	**N**	**A**	R	**T**	N	Y	D	V	**L**	**I**
F	E	Z	D	K	I	H	G	**A**	**F**	S	S	**I**	**T**
Q	V	J	F	J	D	D	N	M	**I**	V	C	**E**	**O**
H	C	C	M	K	O	P	L	G	**G**	U	**Z**	**I**	**A**
T	**P**	**A**	**D**	**R**	**E**	W	C	F	**L**	O	H	O	R
G	**N**	**O**	**N**	**N**	**O**	J	U	O	**I**	K	G	P	E
G	E	W	Q	M	Q	I	C	C	**O**	F	N	R	E
V	S	V	A	I	D	**C**	**U**	**G**	**I**	**N**	**O**	X	K

Übung 3

dicembre	lunedì	ottobre
gennaio	notte	luglio
domenica	aprile	sera

Übung 4

Die gehörten Zahlen sind: 7, 2, 33, 1000, 11, 1, 2121, 19, 29, 1200, 31, 1 570 000, 701, 700, 5, 55, 51, 100, 257, 258, 3776, 3777, 10

4

Übung 1

Große 3-Zimmer-Wohnung zu vermieten, Wohnzimmer mit Blick aufs Meer, Garten, 2 Bäder (ein größeres mit Badewanne und eines mit kleineren Ausmaßen). Zentralheizung, große Terrasse. In ruhiger Lage, zehn km außerhalb der Stadt. Für weitere Informationen wenden Sie sich an 02-68904.

Richtig: 2, 3, 4, 5, 6; *Falsch:* 1, 7, 8

Übung 2

1g; 2a; 3d; 4j; 5c; 6b; 7h; 8f; 9e; 10i

Übung 3

1. ci sono; **2.** c'è; **3.** ci sono, **4.** ci sono; **5.** c'è

Übung 4

1b; 2d; 3c; 4e; 5a; 6f

Übung 5

Volere: io vorrei; lui / lei vorrebbe; noi vorremmo, voi vorreste. Potere: io potrei; tu potresti; noi potremmo; loro potrebbero

Übung 6

1. vorrei; **2.** potremmo; **3.** vorrebbero; **4.** vorrebbe; **5.** potresti, **6.** potrebbero; **7.** vorreste

Übung 7

Villa auf dem Land mit 200 m^2 zu verkaufen. 4 Schlafzimmer, 2 große Bäder, Küche mit Veranda und großer Salon mit Terrasse. Garten mit Schwimmbad.
Garage mit 2 Stellplätzen.
Preis: 300 000 Euro.

1. villa; **2.** quattro; **3.** Ci sono; **4.** veranda; **5.** salone; **6.** piscina; **7.** Il garage; **8.** prezzo

Übung 8

Valerias Zimmer ist sehr hell. Es ist das schönste Zimmer des Hauses. Es gibt ein kleines Fenster und ein größeres mit einer Pflanze. Das Bett steht zwischen den zwei Fenstern. Neben dem Bett steht ein Nachttisch mit einem Radio.
Am Boden liegt ein bunter Teppich. Auf dem Schreibtisch liegt Valerias Laptop. Der Schrank ist sehr groß. An einer Wand sind Fotos von ihrer Familie aufgehängt. Das Bücherregal ist voller Bücher. So viele Bücher!

Übung 9

Richtig: 1; *Falsch:* 2, 3, 4, 5

Übung 10

1c; 2g; 3a; 4h; 5d; 6e; 7f; 8i; 9b

Übung 12

1. un, un; **2.** un; **3.** un, una; **4.** un', un', uno

Übung 13

1. più piccolo; **2.** meno piccolo; **3.** il … più piccolo …; **4.** molto piccolo / piccolissimo

Übung 14

sg: sgabello, sgabuzzino, sgelare, sghiacciare; sc: riscaldamento, scrivania, schermo del computer / del televisore, scarpiera, scivolo

Übung 15

hart: chiave, Ungheria, luogo, lingua, amiche, chi, ungherese, mi scusi, chiodo, gnocchi, spaghetti
weich: scivolo, nascita, amici, celibe, sedici, cento, piscina, gelato, giovane

5

Übung 1

1; 3; 4; 6

Übung 2

1c; 2f; 3e; 4b; 5a; 6d

Übung 3

1b; 2d; 3a; 4c

Übung 4

(tu) cerchi; (noi) paghiamo

Übung 5

1. devi; **2.** deve; **3.** dovete; **4.** dobbiamo; **5.** devo; **6.** devono

Übung 6

Camminate!; Prendi!; Prenda!; Prendiamo!; Prosegui!; Proseguite!
1. Regel: Singular, Plural, Plural, zweiten;
2. Regel: i; a.

Übung 7
1. Torna indietro! / Torni in dietro!; **2.** Gira a destra! / Giri a destra!; **3.** Attraversa la strada! / Attraversi la strada!; **4.** Chiedi informazioni! / Chieda informazioni!;
5. Segui le indicazioni stradali! / Segua le indicazioni stradali!

Übung 8
Vanno in autobus.;
Federica e Angela vanno in autobus.

Übung 9
(io) vado; (tu) vai; (noi) andiamo;
(voi) salite; (loro) salgono

Übung 10
1. in macchina; **2.** in treno;
3. in macchina; **4.** a piedi;
5. in bicicletta; **6.** in aereo

Übung 11
1c; 2a; 3a; 4b; 5a; 6c

Übung 12
1. Eccola!; **2.** Eccolo!;
3. Eccoli!; **4.** Eccole!

Übung 13
s + p: spesso; ospedale; spiaggia;
mi dispiace; s + t: stanca; stop; strada

6

Übung 1
1. E Cinzia, che cosa fa?; **2.** Faccio / fa … / sono / è … ; **3.** Di che ti occupi?

Übung 2
1i; 2c; 3e; 4b; 5d; 6g; 7a; 8h; il poliziotto *bleibt übrig*

Übung 3
(io) faccio; (lui / lei) fa; (loro) fanno

Übung 4
1b; 2c; 3d; 4a

Übung 5
1b; 2c; 3a; 4f; 5e; 6d

Übung 6
Notizzettel 1: il giornalista – la giornalista; il rappresentante – la rappresentante; il cliente – la cliente; il farmacista – la farmacista
Notizzettel 2: l'attore – l'attrice; l'investigatore – l'investigatrice; l'animatore – l'animatrice
Notizzettel 3: il segretario – la segretaria; il maestro – la maestra
Notizzettel 4: il dottore – la dottoressa; il professore – la professoressa
Regeln: -a; -trice; studente; dottore; -ente

Übung 7
LEBENSLAUF
Name: Paola Capitani
Geburtsdatum / -ort: 20.09.1979, Florenz
Staatsangehörigkeit: italienisch
Adresse: Via degli Oleandri, 137, 50100 Florenz
Telefon, E-mail: +39 3405 63 29 81, paolacap@virgilio.it
Schulbildung
Staatliche Grundschule "Vittorio Veneto" (Florenz)
Staatliche Mittelschule Botticelli-Puccini (Florenz)
Neusprachliches Gymnasium G. Pascoli (Florenz) (Note 100/100)
▼

Sprach- und Kulturwissenschaften
des Nahen und Mittleren Ostens an der
Universität von Pisa
Magisterabschluss: Note 110/110 und
Auszeichnung
Sprachkenntnisse
Englisch: gute Sprachkenntnisse
Arabisch: hervorragende Sprachkenntnisse
Japanisch: hervorragende Sprachkenntnisse
Auslandsaufenthalte
England: Sprachkurs an der Kent School of
English in Broadstairs
Japan: Studienjahr an der Universität von
Tokio
Berufserfahrung
Mitarbeiterin bei der Bibliothek der
Sprachenfakultät von Pisa
Florenz, 31. August 2007

Übung 9
1d; 2a; 3c; 4b; 5e

Übung 10
1. Clara è una brava studentessa.
2. Antonio è un bel ragazzo. **3.** Il signor Pace è un medico gentile. **4.** Lui è un giornalista francese. **5.** La professoressa Bellavia è una buona insegnante di tedesco.

Übung 11
1a, 2c; 3a; 4a

Übung 12
gn: ingegnere; insegnante; bagno; signora; signore;
gl: io voglio; luglio; ci vogliono due ore; biglietto; famiglia; ho voglia di andare al cinema stasera

Übung 13
gn: montagna; campagna; vigna; matrigna.
gl: foglie; voglie; mogli; meglio; figli

Entspannungstag 2

Übung 1
1. La casa ha tre stanze da letto.
2. Il bagno e la cucina sono a destra.
3. A sinistra c'è il soggiorno con il balcone. **4.** Che bel giardino!

Übung 2
a. gli occhiali; **b.** l'aereo; **c.** la macchina; **d.** il gelato; **e.** la nave; **f.** la chiave; **g.** il cappello

Übung 3
1. incrocio; **2.** semaforo;
3. luglio; **4.** giorno

Übung 4
cameriere

7

Übung 1
pomodori; cipolle, aglio; mezzo, arance

Übung 2
Verkäufer: b, d; *Kunde:* a, c, e

Übung 3
1b; 2h; 3f; 4g; 5a; 6e; 7d; 8c

Übung 4
1c; 2a; 3b; 4e; 5d

Übung 5
1g; 2j; 3h; 4f; 5c; 6b; 7a; 8e; 9i; 10d

Übung 6
di

Übung 7
1a; 2a; 3b; 4c; 5b; 6b

Übung 8
1. pane; **2.** zucchero; **3.** fragole; **4.** frutta; **5.** involtini; **6.** funghi

Übung 9
Richtig: 1, 2, 3, 4, 5; *Falsch:* 6

Übung 10
Die zu hörenden Wörter sind: verdure sott'olio; tagliatelle al ragù; risotto ai funghi; orata alla griglia; cotoletta alla milanese; insalata; macedonia di frutta; vino rosso / rosé / bianco; scaloppine al limone; patatine fritte

Übung 11
essen: 2, 4, 5; *trinken:* 1, 3, 6

Übung 12
1a; 2a; 3b; 4a

Übung 13
Satz 1: Lei; *Satz 2:* tu; *Satz 3:* voi

8

Übung 1
1; 2; 3; 4; 6; 7; 9; 10; 12; 13; 14

Übung 2
1h; 2c; 3f; 4e; 5g; 6d; 7b; 8a

Übung 3
1. uscire; **2.** andare; **3.** lavorare; **4.** mangiare; **5.** nuotare

Übung 4
mi piace: a, b, c, d, h, i;
non mi piace: e, f, g, j

Übung 5
1c, a; 2f; 3k, j; 4d, e; 5h; 6i; 7g, b

Übung 6
1. so; **2.** sai; **3.** sa; **4.** sappiamo; **5.** sapete; **6.** sanno

Übung 8
1c; 2f; 3e; 4a; 5d/b; 6b/d

Übung 9
Francesca compra un paio di pantaloni neri.

Übung 10
gialli – *gelb;* rossi – *rot;* azzurro – *blau;* verdi – *grün;* bianca – *weiß;* nero – *schwarz;* marroni – *braun;* grigio – *grau*

Übung 11
1f; 2g; 3c; 4h; 5a; 6b; 7e; 8d

Übung 12
unveränderlich: blu; marrone; arancione; rosa
veränderlich: nero – nera; bianco – bianca; giallo – gialla

Übung 13
1a; 2b; 3a; 4a

Übung 15
eu: a, c, d, f, i; ei: b, e, g, h

9

Übung 1
Richtig: 3, 4, 5; *Falsch:* 1, 2

Übung 2
l'albergo

Übung 3
c; e; f; h; j

Übung 4
ho; hai; ha; abbiamo; avete; hanno

Übung 5
mangiato; studiato; potuto; voluto; dovuto; finito; proseguito

Übung 6
1a; 2c; 3a; 4b

Übung 7
1d; 2e; 3c; 4b; 5a; essere

Übung 8
Hallo Catia,
Rom ist wunderschön! Ich bin zum Petersdom gegangen und auf die Kuppel gestiegen: Was für ein schönes Panorama! Gestern Abend sind Antonio und ich zur Piazza di Spagna gegangen. Mi hat es sehr gefallen! Wenn wir Zeit haben, gehen wir morgen zum Circus Maximus.
Grüße aus der Hauptstadt
Simona

essere: sono andata; sono salita; siamo andati; è piaciuta
avere: ho visitato

Übung 9
1. sono; **2.** sei; **3.** è; **4.** è;
5. siamo; **6.** siete; **7.** sono

Übung 10
1b; 2a; 3b; 4b; 5a; 6b

Übung 11
m. sing: bello; bell'; buono; *m. pl.:* bei; begli; begli; *w. sing:* bella; bell'; buona; buon'; *w. pl.:* belle; buone

Übung 12
1b; 2a; 3d; 4c

Entspannungstag 3

Übung 1
1. mandarino; **2.** pomodoro;
3. cipolla; **4.** patate

Übung 2

V	S	**F**	**A**	**R**	**E**	**S**	**H**	**O**	**P**	**P**	**I**	**N**	**G**
D	**I**	B	T	U	J	J	M	D	**F**	M	M	N	T
G	**U**	**A**	**R**	**D**	**A**	**R**	**E**	**L**	**A**	**T**	**V**	I	**T**
R	F	L	**G**	O	B	G	T	R	**R**	A	I	**E**	**E**
M	G	S	B	**G**	T	C	N	P	**E**	Q	B	**R**	**M**
O	**N**	D	F	T	**I**	S	**S**	**C**	**I**	**A**	**R**	**E**	**P**
T	**U**	I	S	A	P	**A**	B	L	**M**	U	U	**G**	**O**
D	**O**	R	M	I	R	E	**R**	E	**M**	F	H	**G**	**L**
A	**T**	T	S	O	R	P	L	**E**	**E**	N	Q	**E**	**I**
B	**A**	**L**	**L**	**A**	**R**	**E**	T	G	**R**	I	L	**L**	**B**
E	**R**	M	**E**	**R**	**A**	**N**	**O**	**U**	**S**	B	H	C	**E**
G	**E**	O	R	M	B	T	F	V	**I**	L	U	E	**R**
D	M	I	A	R	L	I	S	C	**O**	M	N	A	**O**
H	F	S	R	L	**D**	**I**	**P**	**I**	**N**	**G**	**E**	**R**	**E**
A	**N**	**D**	**A**	**R**	**E**	**A**	**L**	**C**	**I**	**N**	**E**	**M**	**A**

Übung 3
Io e Claudio siamo andati in vacanza ad agosto in Sardegna. L'hotel ci è piaciuto moltissimo.

Übung 4
1. Circo Massimo; **2.** Piazza di Spagna; **3.** Duomo di S. Pietro; **4.** Colosseo

10

Übung 1
a favore: Elisa, Federico;
contro: Dino; Carmela

Übung 2
1d; 2c; 3e; 4a; 5f; 6b

Übung 3
1. per proteggere l'ambiente dai rifiuti ...; **2.** per arrivare ai bidoni del vetro

Übung 4
1. per mantenere la mia famiglia; **2.** per comprare una casa; **3.** per andare a Modena; **4.** per andare in Grecia

Übung 6
1e; 2f; 3b; 4h; 5j; 6c; 7g; 8i; 9d; 10a

Übung 7
1d; 2f; 3g; 4h; 5b; 6a; 7c; 8e

Übung 8
Richtig: 4, 5; *Falsch:* 1, 2, 3

Übung 9
Schneefälle in den Alpen und im Apennin der Toskana und der Emilia oberhalb von 600 Metern. Nebel in der Poebene. Regen in den zentralen Regionen und der zentralen und nördlichen Adria. Heiter oder wenig bewölkt in den südlichen Regionen. Hoher Seegang im Tyrrhenischen und Ligurischen Meer. Niedriger Seegang in der Adria und dem Ionischen Meer.

1c; 2b; 3c; 4c

Übung 10
1e; 2b; 3f; 4a; 5h; 6d; 7c; 8g

Übung 11
1. è nuvoloso; **2.** 7 gradi; **3.** nevica; **4.** c'è nebbia; **5.** c'è il sole, **6.** c'è un temporale; **7.** è brutto tempo; **8.** fa molto caldo

Übung 12
1c; 2a; 3c; 4b

Übung 13
tornerà; torneranno, dipingerai; dipingerete; dormirò, dormiremo

Lösungsvorschlag: Domani andrò a teatro con i miei amici. Dopo mangeremo in un ristorante. Sabato visiterò un museo a Firenze. La settimana prossima dovrò lavorare molto.

Übung 14
1. cc; **2.** zz; **3.** gg; **4.** tt; **5.** nn; **6.** nn; **7.** dd; **8.** ll; **9.** bb; **10.** ss

11

Übung 3
1h; 2e; 3f; 4c; 5g; 6j; 7a; 8d; 9b; 10i

Übung 4
1a; 2b; 3a; 4c; 5b; 6a

Übung 5
1. tosse, farmacia; **2.** mal di testa; **3.** malissimo, medico; **4.** i denti, dentista; **5.** frattura; **6.** un'insolazione

Übung 6
1c; 2g; 3e; 4b; 5d; 6f; 7a

Übung 7
mi; ti; si; ci; vi; si

Übung 8
1. si chiama; **2.** ci vediamo;
3. Mi sento; **4.** si preparano;
5. ti operi; **6.** Vi trasferite?

Übung 9
Loredana pflegt gerne ihren Körper. Für sie ist die persönliche Hygiene und Pflege sehr wichtig. Normalerweise duscht sie, nachdem sie aufgestanden ist, und cremt sich mit Feuchtigkeitscreme den ganzen Körper ein. Einmal pro Woche geht sie in ein Beauty-Center, um entspannende Massagen zu bekommen und für gewöhnlich macht sie im Sommer eine Woche Badekuren. Gewöhnlich kocht und isst sie gesunde und naturbelassene Speisen. Sie ist gerne gut gekleidet, frisiert und geschminkt. Sie achtet sehr auf die Reinigung des Gesichts und der Zähne.

Richtig: 1, 2, 5, 7, 8; *Falsch:* 3, 4, 6

Übung 10
1b; 2b; 3a; 4c; 5a; 6b

Übung 11
1. Mi faccio la doccia. **2.** Mi lavo sempre i denti. **3.** Lei si trucca. **4.** Lui si fa la barba ogni giorno. **5.** Si asciugano i capelli.

Übung 12
normalmente; regolare; abitualmente; veloce; tipicamente; costante; diligentemente
Regel: -mente

Übung 13
solitamente; moralmente; logicamente; naturalmente; certamente; amichevolmente; spontaneamente; liberamente; intelligentemente; educatamente; elegantemente; abbondantemente; nuovamente; stabilmente; puntualmente; conformemente

12

Übung 1
Richtig: 1, 2, 5, 6; *Falsch:* 3, 4

Übung 2
1b; 2a; 3c; 4f; 5e; 6h; 7d; 8g

Übung 3
1. cartoni animati; **2.** pubblicità;
3. programmi di moda; **4.** partite di calcio; **5.** quiz televisivo; **6.** reality show

Übung 4
RAI *(Italienisches Radio und Fernsehen)*
Radio und Fernsehen des italienischen Staates
Konzessionsinhaber mit Monopol auf das öffentlich-rechtliche italienische Radio und Fernsehen

MEDIASET
ein italienisches Unternehmen spezialisiert auf Fernsehkommunikation

Übung 5
1. Non … mai; **2.** non … neanche;
3. non … nessuno; **4.** non … più;
5. non … nessun

Übung 6
1b; 2c; 3a; 4b

Übung 7
a; c; e; f; g; i

Übung 8
Laura: 3, 4, 5, 6; Elisa: 1, 2

Übung 9
-are: io ascoltavo; tu lavoravi; voi abitavate; loro parlavano
-ere: lui / lei scriveva; noi vedevamo; loro avevano
-ire: io dormivo; lui / lei veniva

Übung 10
Avevo; Pensavo; C'era; lavoravo; mi sentivo; volevo

Übung 11
a6; b7; c1; d8; e2; f4; g3; h5

Übung 12
infuria; sono; era; ha cominciato; sono caduti; sono; sono ferite; dovrebbero; continuerà

Guten Abend liebe Hörer, und herzlich willkommen zu den Radionachrichten von heute. Seit gestern Abend tobt ein starker Sturm an den Küsten Nordeuropas: Großbritannien, die Niederlande und Deutschland sind die am stärksten betroffenen Länder. Bis gestern Nachmittag um 17.00 Uhr war alles normal, dann begann plötzlich der Wind ununterbrochen mit einer Geschwindigkeit von über 100 km/h zu stürmen: viele Bäume sind auf Autos gestürzt, die entlang den Straßen parkten, und mehr als 2000 Wohnungen sind momentan ohne Strom. Circa 80 Personen wurden verletzt. Es gibt vermutlich zwei Tote. Der Sturm wird noch zwei Tage andauern.

Übung 13
Aussage: 4, 5; *Fragesatz:* 1, 2, 7; *Befehl:* 3, 6, 8

Entspannungstag 4

Übung 1
1. nuvoloso; **2.** sole; **3.** vento; **4.** piove; **5.** caldo; **6.** nebbia; *Lösungswort:* nevica

Übung 2
Mi piace molto curare il mio corpo e mangiare cibi sani e genuini. *oder*
Mi piace molto mangiare cibi sani e genuini e curare il mio corpo.

Übung 3
1. io lavoravo; **2.** tu studiavi; **3.** lui parlava; **4.** noi vivevamo; **5.** voi mangiavate; **6.** loro dormivano

Übung 4
1. rivista; **2.** alto; **3.** pesce; **4.** pera

Lösungen der Grammatikübungen:

§ 1

Übung 1

1. il, i; **2.** la, le; **3.** lo, gli; **4.** lo, gli

Übung 2

1. —; **2.** —; **3.** delle; **4.** del

§ 2

Übung 1

1. i laghi; **2.** gli alberi; **3.** i neurologi; **4.** le zie; **5.** le bugie; **6.** i duchi

Übung 2

1a; 2b; 3b; 4a; 5a; 6a

§ 3

Übung 1

1a; 2a; 3a

Übung 2

1. bianche; **2.** bella; **3.** socialista; **4.** rosa

§ 4

Übung 1

1. spontaneamente; **2.** liberamente; **3.** solitamente; **4.** meglio

§ 5

Übung 1

1a; 2b; 3a

Übung 2

1. mi; **2.** gli, **3.** Le; **4.** Gli

§ 6

Übung 1

1. hai; **2.** sono, sei; **3.** ha; **4.** siamo, abbiamo

Übung 2

1. mangio; **2.** andate; **3.** Spengo; **4.** esce; **5.** dai; **6.** fai

§ 7

Übung 1

1. ci sentiamo; **2.** si telefonano; **3.** vi alzate; **4.** si sentono

§ 8

Übung 1

1a; 2a; 3b; 4a; 5a; 6b

§ 9

Übung 1

1. mangiato; **2.** bevuto; **3.** andati; **4.** uscito; **5.** potuti

§ 10

Übung 1

1. partirai; **2.** festeggerete; **3.** verremo; **4.** sarò; 5. finiranno

§ 11

Übung 1

1. prenderesti; **2.** farei; **3.** potremmo; **4.** dovreste

§ 12

Übung 1
1a; 2b; 3b; 4b

Übung 2
1. piaceva; **2.** mangiavamo; **3.** andavano; **4.** era

§ 13

Übung 1
1a; 2b; 3a; 4b

Übung 2
1. di; **2.** sull'; **3.** dai; **4.** al

§ 14

Übung 1
1. mio; **2.** sua; **3.** nostri; **4.** vostre; **5.** loro; **6.** Sue

§ 15

Übung 1
1a; 2b; 3b; 4a; 5b; 6a

§ 16

Übung 1
1a; 2b; 3b; 4a; 5b; 6a

§ 17

Übung 1
1a; 2a

Übung 2
1. venticinque settembre; **2.** l'una; **3.** ventitré gennaio millenovecento-ottanta; **4.** cinquantatré

§ 18

Übung 1
1a; 2b; 3a; 4b

§ 19

Übung 1
1. posso, devo; **2.** possiamo; **3.** devono; **4.** vuoi

§ 20

Übung 1
1. Come; **2.** Perché; **3.** Da dove; **4.** Quanti

§ 21

Übung 1
1a; 2a; 3b; 4a

Inhaltsübersicht Grammatik

§ 1 Die Artikel 148
§ 2 Die Substantive 149
§ 3 Die Adjektive 151
§ 4 Die Adverbien.......................... 155
§ 5 Die Personalpronomen 157
§ 6 Das Präsens 159
§ 7 Die Reflexivverben 163
§ 8 Der Imperativ 164
§ 9 Das Passato prossimo.............. 166
§ 10 Das Futur............................... 168
§ 11 Der Konditional 170
§ 12 Das Imperfetto 172
§ 13 Die Präpositionen 174
§ 14 Die Possessivbegleiter 177
§ 15 Die Demonstrativbegleiter 178
§ 16 Die unbestimmten Pronomen (Indefinitpronomen)................. 180
§ 17 Zahlen und Zeitangaben............ 181
§ 18 Die Verneinung 183
§ 19 Die Modalverben 185
§ 20 Fragesätze 186
§ 21 Infinitivsätze 187

§ 1 Die Artikel

Im Italienischen unterscheidet man zwischen bestimmtem Artikel (**il**, **lo**, **la**), unbestimmtem Artikel (**uno**, **una**, **un**, **un'**) und Teilungsartikel. Die Formen hängen dabei vom Anfangsbuchstaben des darauf folgenden Wortes ab.

1. Der bestimmte Artikel (Singular und Plural)

Vor männlichen Substantiven, die mit einem Konsonant beginnen, benutzt man im Singular **il** (**il** libro), im Plural **i** (**i** libri). Vor **z**, **s** + Konsonant, **gn**, **ps**, **x** und **y** dagegen lautet der Artikel im Singular **lo** (**lo** zaino *(Rucksack)*), im Plural **gli** (**gli** zaini), vor Vokalen **l'** im Singular (**l'**albero) und **gli** im Plural (**gli** alberi).

Die weibliche Form des bestimmten Artikels lautet vor Konsonanten im Singular **la** (**la** ragazza) und vor Vokalen **l'** (**l'**amica). Im Plural gibt es nur die Form **le**, unabhängig davon, ob ein Konsonant oder ein Vokal folgt (**le** ragazze, **le** amiche).

2. Der unbestimmte Artikel

Vor männlichen Substantiven mit Konsonant wird **un** verwendet (**un** libro), vor weiblichen **una** (**una** casa). Vor Vokalen verwendet man **un**, wobei nur vor weiblichen Substantiven der Artikel apostrophiert wird: **un'** (**un'**amica). Vor **z**, **s** + Konsonant, **gn**, **ps**, **x** und **y** wird bei männlichen Substantiven der unbestimmte Artikel **uno** verwendet (**uno** zaino). Der unbestimmte Artikel besitzt keine eigene Pluralform.

3. Der Teilungsartikel

Mit Hilfe der Präposition **di** und dem bestimmten Artikel wird der sogenannte „Teilungsartikel" (**articolo partitivo**) gebildet.

sg.	*pl.*
di + il **del**	di + i **dei**
di + lo **dello**	di + gli **degli**
di + l' **dell'**	di + le **delle**
di + la **della**	

Der Teilungsartikel steht zur Angabe einer unbestimmten Menge oder Anzahl. In folgenden Fällen dürfen Sie den Teilungsartikel nicht anwenden:

1. bei Aufzählungen (wenn die Menge nicht wichtig ist):
   Ho comprato frutta, olio e pane. *(Ich habe Obst, Öl und Brot gekauft.)*
2. bei abstrakten Begriffen:
   C'è ancora speranza. *(Es gibt noch Hoffnung.)*

3. in verneinten Sätzen:
   Non mangio mai aglio! *(Ich esse nie Knoblauch.)*
4. Nach Mengenangaben mit einem Adjektiv (**molti**):
   Ho molti libri. *(Ich habe viele Bücher.)*

Beachten Sie jedoch, dass nach Mengenangaben mit einem Substantiv (**chilo**, **bottiglia**) und nach **un po'** die Präposition **di** zu verwenden ist (ohne Artikel!).

- un chilo **di** pomodori *(ein Kilo Tomaten)*
- una bottiglia **di** vino *(eine Flasche Wein)*
- un po' **di** frutta *(ein bisschen Obst)*

1

Schreiben Sie die richtigen bestimmten Artikel in die Lücken.

1. _____ ragazzo _____ ragazzi
2. _____ signora _____ signore
3. _____ studente _____ studenti
4. _____ zaino _____ zaini

2

Schreiben Sie den richtigen Teilungsartikel nur dort, wo es nötig ist.

1. Non mangio mai _______ carne.
2. Dovete avere _______ pazienza *(Geduld)*.
3. Fanno _______ lasagne squisite.
4. Ho comprato _______ pane.

§ 2 Die Substantive

Im Italienischen sind die Substantive entweder männlich oder weiblich, es gibt kein Neutrum.
Substantive auf **-o** sind im Allgemeinen männlich und bilden den Plural auf **-i** (capell**o** – capell**i**).
Substantive auf **-a** sind im Allgemeinen weiblich und bilden den Plural auf **-e** (ragazz**a** – ragazz**e**).
Substantive auf **-e** sind entweder männlich (il nom**e**) oder weiblich (la chiav**e**). Sie bilden den Plural, unabhängig davon, ob sie männlich oder weiblich sind, immer auf **-i** (i nom**i** / le chiav**i**).

Eine besondere Gruppe bilden die Substantive auf **-co** (par**co** *(Park)*) und **-go** (alber**go** *(Hotel)*). Hier entscheidet die Betonung. Liegt sie auf der vorletzten Silbe, wird der Plural auf **-chi** und **-ghi** gebildet (par**chi** / alber**ghi**).
Ausnahmen: l'ami**co** – gli ami**ci**, il gre**co** *(Grieche)* – i gre**ci**

Substantive auf **-co** (medi**co** *(Arzt)*) und **-go** (aspara**go** *(Spargel)*), deren Betonung auf der drittletzten Silbe liegt, bilden den Plural in der Regel auf **-ci** und **-gi** (medi**ci** / aspara**gi**).
Ausnahme: il cari**co** *(Ladung)* – i cari**chi**

Substantive, die auf unbetontes **-io** enden, verlieren im Plural einfach den Endvokal (figl**io** – figl**i**).
Ist jedoch die Endung **-io** betont, so lautet die Pluralendung **-ii** (z**io** – z**ii**).

Es gibt außerdem eine Reihe von Substantiven, die im Singular zwar auf **-a** enden, aber männlich sind; sie bilden den Plural auf **-i** (il poet**a** *(Dichter)* – i poet**i**).

Weibliche Substantive, die im Singular auf **-ca** und **-ga** enden, bilden den Plural auf **-che** und **-ghe**. Männliche Substantive jedoch, die im Singular auf **-ca** und **-ga** (il colle**ga**) enden, bilden den Plural auf **-chi** und **-ghi** (i colle**ghi**).
Ausnahme: il belg**a** *(Belgier)* – i belg**i**

Steht vor den Singularendungen **-cia** und **-gia** ein Vokal, bleibt das **i** in der Pluralendung erhalten (la farm**acia** *(Apotheke)* – le farm**acie** / la cili**egia** *(Kirsche)* – le cili**egie**). Steht dagegen ein Konsonant vor diesen Endungen, entfällt im Plural das **-i** (la fa**ccia** *(Gesicht)* – le fa**cce** / la spia**ggia** *(Strand)* – le spia**gge**).

Die Endungen einiger Substantive bleiben unverändert. Man erkennt den Plural lediglich am bestimmten Artikel (la città *(Stadt)* – le città / la crisi *(Krise)* – le crisi / il film *(Film)* – i film / la foto *(Foto)* – le foto).

Neben den bisher aufgeführten Ausnahmen gibt es im Italienischen eine Vielzahl von Substantiven, deren Pluralbindung unregelmäßig ist. Hier einige wichtige Beispiele:

sg.	*pl.*	*sg.*	*pl.*
l'uomo *(Mann)*	gli uomini	la mano *(Hand)*	le mani
l'uovo *(Ei)*	le uova	il tempio *(Tempel)*	i templi
il paio *(Paar)*	le paia	il dio *(Gott)*	gli dei
il bue *(Ochse)*	i buoi		

1

Schreiben Sie den Plural der Substantive mit Artikel in die Lücken.

1. il lago *(See)* ________________
2. l'albero *(Baum)* ________________
3. il neurologo *(Neurologe)* ____________
4. la zia *(Tante)* ________________
5. la bugia *(Lüge)* ________________
6. il duca *(Herzog)* ________________

2

Kreuzen Sie die richtigen Pluralformen an.

1. la nave *(Schiff)*
   - a. le navi
   - b. le nave

2. l'annuncio *(Anzeige)*
   - a. gli annuncio
   - b. gli annunci

3. la mancia *(Trinkgeld)*
   - a. le mancia
   - b. le mance

4. il dentista
   - a. i dentisti
   - b. i dentista

5. l'autore
   - a. gli autori
   - b. gli autore

6. la serie
   - a. le serie
   - b. i serie

§ 3 Die Adjektive

Im Italienischen richtet sich das Adjektiv in Zahl und Geschlecht immer nach dem Substantiv. Die Adjektive lassen sich in zwei Gruppen einteilen:

1. Adjektive mit vier Endungen

Zu dieser Gruppe gehören die meisten Adjektive. Sie haben eine männliche und eine weibliche Form im Singular und Plural.

	m.	*w.*
sg.	un vino italian**o** *ein italienischer Wein*	una città italian**a** *eine italienische Stadt*
pl.	i vini italian**i** *die italienischen Weine*	le città italian**e** *die italienischen Städte*

Achten Sie darauf, dass die Adjektive auf **-co**, **-ca**, **-ga**, **-cio**, **-cia**, **-gio**, **-gia**, **-io** den Plural wie die Substantive bilden (s. § 2).

Die Adjektive auf **-ista** haben, wie die Substantive, nur im Plural unterschiedliche Endungen: **-isti** (männlich), **-iste** (weiblich).

2. Adjektive mit zwei Endungen

Adjektive, die im Singular auf **-e** enden, unterschieden sich nur im Singular und Plural. Die Pluralendung lautet **-i**.

	m.	*w.*
sg.	un ragazzo intelligent**e** *ein intelligenter Junge*	una signora intelligent**e** *eine intelligente Frau*
pl.	i ragazzi intelligent**i** *die intelligenten Jungen*	le signore intelligent**i** *die intelligenten Frauen*

Bezieht sich ein Adjektiv auf mehrere Substantive gleichen Geschlechts, steht es im Plural und nimmt das Geschlecht der Substantive an.
Il vestito e il cappello sono nuov**i**. *(Das Kleid und der Hut sind neu.)*

ACHTUNG: Bezieht sich ein Adjektiv auf mehrere im Singular stehende Substantive unterschiedlichen Geschlechts, steht es im Plural und nimmt das **männliche** Geschlecht an.
Le lasagne e il tiramisù sono squisit**i**. *(Die Lasagne und das Tiramisu sind lecker.)*

3. Die unregelmäßigen Adjektive *bello, buono, grande* und *quello*

a) *bello* und *quello*

Diese Adjektive haben unregelmäßige Endungen, die analog zu den **preposizioni articolate** (s. § 13) gebildet werden, wenn sie vor Substantiven, Zahlwörtern oder Possessivpronomina stehen. Die Endungen des Adjektivs hängen vom Anfangsbuchstaben des Folgewortes ab.

m. sg.	*m. pl.*	
bel / quel	bei / quei	vor Konsonanten
bell' / quell'	begli / quegli	vor Vokalen
bello / quello	begli / quegli	vor **s** + Konsonant, **z**, **ps**, **gn** sowie vor **x** und **y**

m. sg.	*m. pl.*	
bella / quella	belle / quelle	vor Konsonanten
bell' / quell'	belle / quelle	vor Vokalen

b) ***buono***

Das Adjektiv **buono** verhält sich im Singular vor Substantiven wie der unbestimmte Artikel (s. § 1).

m. sg.	*m. pl.*	
buon	buoni	vor Konsonant und Vokal
buono	buoni	vor **s** + Konsonant, **z**, **ps**, **gn** sowie vor **x** und **y**

m. sg.	*m. pl.*	
buona	buone	vor Konsonant
buon'	buone	vor Vokal

c) ***grande***

Steht **grande** vor einem Substantiv, wird es häufig zu **gran** verkürzt, wenn das folgende Wort mit einem Konsonanten beginnt (selten bei Substantiven, die mit **s** + Konsonant beginnen), z. B. un **gran** professore, un **grande** stilista. Vor männlichen Substantiven, die mit einem Vokal beginnen, wird es häufig apostrophiert, z. B. un **grand'**uomo.

4. Unveränderliche Adjektive

Einige Adjektive, die eine Farbe bezeichnen, bleiben unverändert (**blu**, **rosa**, **viola**).

5. Stellung der Adjektive

Im Italienischen stehen Adjektive entweder vor oder nach dem Substantiv. Während einige Adjektive grundsätzlich nach dem Substantiv stehen, hängt es bei anderen davon ab, ob sie eine beschreibende Funktion (in diesem Fall stehen sie vor dem Substantiv) oder eine unterscheidende Funktion (in diesem Fall stehen sie nach dem Substantiv) haben.
Nach dem Substantiv stehen in der Regel Adjektive der Farbe (**nero**), Form (**rotondo**), Nationalität (**francese**), Geografie (**meridionale**), Religion (**musulmano**), Politik (**socialista**), als Adjektiv verwendete Partizipformen (pomodori **pelati**), durch Adverbien näher bestimmte Adjektive (uno studente **molto diligente**) und in der Regel mehrsilbige Adjektive (un ragazzo **intelligente**).

Einige Adjektive wie **buono / cattivo**, **bello / brutto**, **grande / piccolo**, **nuovo / vecchio** und **giovane** stehen vor dem Substantiv, wenn sie es beschreiben, und nach dem Substantiv, wenn sie es dadurch von einem anderen unterscheiden.
Hai visto la mia **nuova** macchina? *(Hast du mein neues Auto gesehen?)*
Prendi la macchina **nuova**! *(Nimm das neue Auto! (nicht das alte))*

6. Steigerung der Adjektive

a) Komparativ

Adjektive steigert man mit Hilfe von Vergleichspartikeln wie **più / meno ... di / che** bzw. **così ... come** oder **tanto ... quanto**.

Komparativ			
bello	più bello **di / che**	**meno** bello **di / che**	**(così)** bello **come** **(tanto)** bello **quanto**
	schöner als	*weniger schön als*	*ebenso schön wie*

b) Superlativ

Der relative Superlativ (*der, die schönste* ... usw.) wird durch den Komparativ des entsprechenden Adjektivs gebildet, wobei dem Adjektiv der bestimmte Artikel und **più** bzw. **meno** vorangestellt und das vergleichende **di** nachgestellt wird.

il, la
i, le + **più / meno** + bello /-a /-i /-e + **di ...**

Den absoluten Superlativ bilden Sie, indem Sie der männlichen Pluralform des Adjektivs die Endung **-issimo** anhängen (**bellissimo** = *sehr schön*).
Den absoluten Superlativ können Sie auch mit Adverbien wie **molto**, **tanto** etc. (**molto bello** = *sehr schön*) bilden.

Einige Adjektive haben unregelmäßige Steigerungsformen.

	Komparativ	Absoluter Superlativ
buono	più buono, **migliore**	buonissimo, **ottimo**
gut	*besser*	*sehr gut*
cattivo	più cattivo, **peggiore**	cattivissimo, **pessimo**
schlecht	*schlechter*	*sehr schlecht*
piccolo	più piccolo, **minore**	piccolissimo, **minimo**
klein	*kleiner, geringer*	*sehr klein, mindeste, kleinste*
grande	più grande, **maggiore**	grandissimo, **massimo**
groß	*größer*	*sehr groß*

1

Wählen Sie die richtige Antwort.

1. Maria è più ... di Luigi.
   - a. alta
   - b. alto

2. Carlo è meno ... di Paolo.
   - a. disponibile
   - b. brava

3. Simona è tanto ... quanto te.
   - a. simpatica
   - b. simpatico

2

Schreiben Sie die richtigen Adjektive in die Lücken.

1. la scarpa bianca – le scarpe ________
2. un bel ragazzo – una ________ ragazza
3. Lui è socialista. – Lei è ____________.
4. la maglia rosa – le maglie ________

§ 4 Die Adverbien

In der Regel werden Adverbien auf **-mente** gebildet. Darüber hinaus gibt es aber auch die Adverbien der Zeit (**ieri**, **oggi**, **domani**, **presto**, **tardi**, **subito** etc.) und des Ortes (**lì**, **qui**, **vicino**, **lontano** etc.), Mengenadverbien (**molto**, **poco**, **quanto**, **troppo** etc.) und verneinende Adverbien (**no**, **non**).

1. Bildung der Adverbien auf *-mente*

Adverbien, die sich von Adjektiven mit vier Endungen (s. § 3) ableiten, werden durch die weibliche Singularform + **-mente** gebildet.

tipico / tipica	tipica + **-mente** = tipicamente	*typisch*
nuovo / nuova	nuova + **-mente** = nuovamente	*neu*

Adverbien, die sich von Adjektiven auf **-e** ableiten, werden durch die Singularform + **-mente** gebildet.

veloce	veloce + **-mente** = velocemente	*schnell*
elegante	elegante + **-mente** = elegantemente	*elegant*

Bei Adverbien, die auf **-le**, **-re** enden, entfällt bei der Bildung des Adverbs vor **-mente** die Endung **-e**.

gentile	gentil + **-mente** = gentilmente	*freundlich*
regolare	regolar + **-mente** = regolarmente	*regelmäßig*

Einige Adjektive wie **buono** und **cattivo** haben eine adverbiale Form, die vom Adjektiv völlig abweicht.

buono	**bene**	*gut*
cattivo	**male**	*schlecht*

2. Die Steigerung der Adverbien

Wie die Adjektive bilden die meisten Adverbien (vor allem Adverbien auf **-mente** und einige Adverbien der Zeit und des Ortes) einen Komparativ und einen Superlativ.

	Komparativ	Superlativ
velocemente	**più** velocemente **di / che** …	**molto** velocemente (oder veloc**issimamente**)
schnell	*schneller als*	*sehr schnell*
	meno velocemente **di / che** …	
	weniger schnell als	
	così velocemente **come** …	
	ebenso schnell wie …	
	tanto velocemente **quanto**	
	ebenso schnell wie …	

Einige Adverbien bilden den Komparativ unregelmäßig:

	Komparativ	Superlativ
bene	**meglio**	benissimo
gut	*besser*	*sehr gut*
male	**peggio**	malissimo
schlecht	*schlechter*	*sehr schlecht*
molto	**più**	moltissimo
viel	*mehr*	*sehr viel*
poco	**meno**	pochissimo
wenig	*weniger*	*sehr wenig*

1

Schreiben Sie die entsprechenden Adverbformen der in Klammern angegebenen Adjektive in die Lücken.

1. L'ho fatto ____________ (spontaneo).
2. Parla ____________ (libero)!
3. _________ (solito) la domenica dormo.
4. ___________ (migliore) tardi che mai.

§ 5 Die Personalpronomen

1. Die Subjektpronomen

Im Italienischen steht das Verb in der Regel ohne Subjektpronomen, es sei denn, Sie möchten eine oder mehrere Personen gegenüber anderen besonders hervorheben.

io *(ich)*, **tu** *(du)*, **lui** *(er)*, **lei** *(sie)*, **Lei** *(Sie)*,
noi *(wir)*, **voi** *(ihr)*, **loro** *(sie)*, **Voi** *(Sie, Pl.)*.

Bei der Anrede an eine Einzelperson verwendet man informell die 2. Person Singular (**tu**) und formell die 3. Person Plural (**Lei**). Bei der Anrede an mehrere Personen verwendet man die 2. Person Pl. (**voi**) – unabhängig davon, ob man die Personen duzt oder siezt. Manchmal wird das formelle **Voi** mit großem **V** geschrieben.

2. Die direkten Objektpronomen

io	**mi**	noi	**ci**
tu	**ti**	voi	**vi**
lui, lei, Lei	**lo, la, La**	loro	**li, le**

Die direkten Objektpronomen ersetzen ein Objekt. Sie stehen immer im Zusammenhang mit einem Verb, das eine Ergänzung im Akkusativ (was? wen?) verlangt:

Non prende **la macchina**. Non **la** prende.
(Er/Sie nimmt nicht das Auto. Er/Sie nimmt es nicht.)

Die direkten Objektpronomen stehen vor dem konjugierten Verb und in verneinten Sätzen nach dem **non**:

Ti chiamo stasera. Non **ti** chiamo stasera.
(Ich rufe dich heute Abend an. Ich rufe dich heute Abend nicht an.)

3. Die indirekten Objektpronomen

io	**mi**	noi	**ci**
tu	**ti**	voi	**vi**
lui, lei, Lei	**gli, le, Le**	loro	**gli**

Bis auf die 3. Person Sg. und die 3. Person Pl. entsprechen die indirekten Objektpronomen den direkten Objektpronomen.

Die indirekten Objektpronomen verwendet man bei Verben, die eine Ergänzung im Dativ (was? wem?) verlangen. Diese Ergänzung erkennt man an der Präposition **a**:

Do la chiave **a** Fabio. Gli do la chiave.
(Ich gebe Fabio den Schlüssel. Ich gebe ihm den Schlüssel.)

Die indirekten Objektpronomen stehen wie die direkten Objektpronomen vor dem konjugierten Verb und in verneinten Sätzen nach dem **non**:

Gli do la chiave. Non **gli** do la chiave.
(Ich gebe ihm den Schlüssel. Ich gebe ihm nicht den Schlüssel.)

4. Die betonten Objektpronomen

Neben den unbetonten gibt es die betonten Objektpronomen:

io	**me**	noi	**noi**
tu	**te**	voi	**voi**
lui, lei, Lei	**lui, lei, Lei**	loro	**loro**

Bis auf **me** und **te** entsprechen die betonten Objektpronomen der Form nach den Subjektpronomen. Sie werden in Verbindung mit Präpositionen verwendet:

Vieni **con** me? *(Kommst du mit mir?)*

Man verwendet sie auch bei Gegenüberstellungen, Hervorhebungen und bei Vergleichen nach **di**, **come** und **quanto**:

Lo ha detto **a** me, non **a** te! *(Er/Sie hat es mir gesagt, nicht dir!)*
A me piace moltissimo! *(Mir gefällt es sehr!)*
È più alto **di** noi. *(Er ist größer als wir.)*

5. Die Reflexivpronomen

io	**mi**	noi	**ci**
tu	**ti**	voi	**vi**
lui, lei, Lei	**si**	loro	**si**

Die Reflexivpronomen begleiten die reflexiven Verben (§ 7). Bitte nicht mit den direkten Objektpronomen verwechseln!

1

Wählen Sie die richtigen Personalpronomen aus.

1. Parlo con … e non con te!
   - a. lei
   - b. tu

2. Uscite con … ?
   - a. te
   - b. noi

3. … telefoni stasera?
   - a. mi
   - b. a me

2

Schreiben Sie die richtigen Personalpronomen in die Lücken.

1. Ogni mattina ______ lavo i denti.
2. A Marco? Sì, ______ ho detto la verità.
3. Signor Bianchi, ______ scrivo domani.
4. Carla e Gianna? ______ chiamo oggi.

§ 6 Das Präsens

Das Präsens bezeichnet Handlungen oder Zustände der Gegenwart. In der Umgangssprache wird es auch für Vorgänge verwendet, die in der nahen Zukunft liegen und deren Realisierung sicher ist. Mit dem Präsens können Sie auch eine Gewohnheit oder eine Feststellung von zeitloser Gültigkeit ausdrücken.

1. Regelmäßige Verben

Die regelmäßigen Verben lassen sich je nach ihrer Infinitivendung in drei Gruppen einteilen:

1. Konjugation: Verben auf **-are**: amare *(lieben)*
2. Konjugation: Verben auf **-ere**: vivere *(leben)*
3. Konjugation: Verben auf **-ire**: partire *(abfahren)*

Die Konjugation der Verben erfolgt durch Anhängen der Präsensendungen an den Stamm des jeweiligen Verbs:

	AM**ARE**	VIV**ERE**	PART**IRE**
(io)	am**o**	viv**o**	part**o**
(tu)	am**i**	viv**i**	part**i**
(lui, lei, Lei)	am**a**	viv**e**	part**e**
(noi)	am**iamo**	viv**iamo**	part**iamo**
(voi)	am**ate**	viv**ete**	part**ite**
(loro)	am**ano**	viv**ono**	part**ono**

2. Besonderheiten

a) Verben auf *-care/-gare*

Bei diesen Verben werden **c** und **g** immer als harte Laute gesprochen. Aus diesem Grund wird in der 2. Person Singular und in der 1. Person Plural ein **h** eingefügt.

GIOCARE *(spielen)*	PAGARE *(bezahlen)*
gioco	pago
gioc**h**i	pag**h**i
gioca	paga
gioc**h**iamo	pag**h**iamo
giocate	pagate
giocano	pagano

b) Verben auf *-ciare, -giare* und *-iare*

Diese Verben verlieren das **-i-** des Wortstamms, wenn die Endung des Präsens mit **-i-** beginnt. Ist jedoch das **-i-** des Wortstamms betont, wird es in der 2. Person Singular (z. B.: **sciare** = *Ski fahren,* tu sc**i**i) beibehalten.

COMINCIARE *(beginnen)*	MANGIARE *(essen)*	STUDIARE *(lernen, studieren)*
comincio	mangio	studio
cominci	mangi	studi
comincia	mangia	studia
cominciamo	mangiamo	studiamo
comiciate	mangiate	studiate
cominciano	mangiano	studiano

c) Verben auf *-cere* und *-gere*

Bei diesen Verben gibt es bis auf einige Ausnahmen keine Veränderung in der Schreibweise. Lediglich die Aussprache ist zu beachten: Die Aussprache von **c** und **g** wird durch den nachfolgenden Vokal bestimmt.

VINCERE *(gewinnen)*	LEGGERE *(lesen)*
vinco	leggo
vinci	leggi
vince	legge
vinciamo	leggiamo
vincete	leggete
vincono	leggono

d) Verben auf *-ire*

Bei vielen Verben auf **-ire** wird bei den drei Personen Singular und bei der 3. Person Plural die Silbe **-isc-** zwischen Stamm und Endung einfügt.

SENTIRE *(hören)*	FINIRE *(beenden)*
sento	fin**isc**o
senti	fin**isc**i
sente	fin**isc**e
sentiamo	finiamo
sentite	finite
sentono	fin**isc**ono

3. Unregelmäßige Verben

ESSERE *(sein)*	AVERE *(haben)*	ANDARE *(gehen)*
sono	ho	vado
sei	hai	vai
è	ha	va
siamo	abbiamo	andiamo
siete	avete	andate
sono	hanno	vanno

VENIRE *(kommen)*	SAPERE *(wissen)*	BERE *(trinken)*
vengo	so	bevo
vieni	sai	bevi
viene	sa	beve
veniamo	sappiamo	beviamo
venite	sapete	bevete
vengono	sanno	bevono

STARE *(sein, bleiben, sich fühlen)*	FARE *(tun, machen)*
sto	faccio
stai	fai
sta	fa
stiamo	facciamo
state	fate
stanno	fanno

USCIRE *((hin)ausgehen)*	DIRE *(sagen)*	DARE *(geben)*
esco	dico	do
esci	dici	dai
esce	dice	dà
usciamo	diciamo	diamo
uscite	dite	date
escono	dicono	danno

TOGLIERE *(entfernen)*	SPEGNERE *(ausschalten)*	SALIRE *(einsteigen)*
tolgo	spengo	salgo
togli	spegni	sali
toglie	spegne	sale
togliamo	spegniamo	saliamo
togliete	spegnete	salite
tolgono	spengono	salgono

1

Ergänzen Sie die Sätze, indem Sie die richtigen Verbformen von **essere** bzw. **avere** in die Lücken schreiben.

1. Luca, _______________ fratelli o sorelle?
2. Ciao, io _______________ Marta, e tu chi _______________?
3. Martina _______________ i capelli lunghi.
4. Noi _______________ studentesse americane e _______________ 20 anni.

2

Ergänzen Sie die Sätze, indem Sie die richtigen Verbformen in die Lücken schreiben. In Klammern finden Sie die Infinitive und, wo nötig, die Subjektpronomen.

1. Io? Sì, _______________ (mangiare) volentieri pasta e pizza.
2. Ragazzi, _______________ (andare) in macchina o no?
3. _______________ (io, spegnere) la radio perché ho mal di testa.
4. Stasera Daniela _______________ (uscire) con i suoi amici.
5. Mi _______________ (dare) un attimo il tuo libro di tedesco?
6. Giovanni, che _______________ (fare) sabato sera?

§ 7 Die Reflexivverben

Die reflexiven Verben werden zusammen mit Reflexivpronomen (s. § 5) gebraucht.
Hier eine Liste der im Kurs vorhandenen Reflexivverben:

addormentarsi *(einschlafen)*, **alzarsi** *(aufstehen)*, **asciugarsi** *(sich abtrocknen)*, **chiamarsi** *(heißen)*, **comportarsi** *(sich benehmen)*, **farsi la barba** *(sich rasieren)*, **farsi il bagno** *(baden)*, **farsi la doccia** *(duschen)*, **lavarsi** *(sich waschen)*, **operarsi** *(sich operieren lassen)*, **pettinarsi** *(sich kämmen)*, **prepararsi** *(sich fertig machen)*, **rilassarsi** *(sich entspannen)*, **sdraiarsi** *(sich hinlegen)*, **sentirsi** *(sich fühlen)*, **sottoporsi a qualcosa** *(sich etwas unterziehen)*, **spalmarsi la crema** *(sich eincremen)*, **sposarsi** *(heiraten)*, **togliersi** *(sich ausziehen)*, **trasferirsi** *(umziehen)*, **trovarsi** *(sich befinden)*, **truccarsi** *(sich schminken)*, **vestirsi** *(sich anziehen)*.

CHIAMARSI	VESTIRSI	TRUCCARSI
mi chiamo	mi vesto	mi trucco
ti chiami	ti vesti	ti trucco
si chiama	si veste	si trucca
ci chiamiamo	ci vestiamo	ci trucchiamo
vi chiamate	vi vestite	vi truccate
si chiamano	si vestono	si truccano

Neben den normalen Reflexivverben gibt es eine Reihe von Verben, die nur dann reflexiv gebraucht werden, wenn sie eine wechselseitige Handlung zwischen zwei oder mehreren Personen wiedergeben. Man nennt sie „reziproke" Verben. Sie sind nur in den drei Pluralformen (**noi**, **voi**, **loro**) reflexiv.

Hier einige Beispiele:

1. **sentirsi, telefonarsi** *(miteinander telefonieren)*
   Ci telefoniamo spesso. *(Wir telefonieren oft miteinander.)*
2. **vedersi** *(sich sehen, sich treffen)*
   Carlo e Antonio si vedono domani in ufficio.
   (Carlo und Antonio sehen sich morgen im Büro.)
3. **scambiarsi** *(austauschen)*
   Ragazzi, vi scambiate i vostri indirizzi? *(Jungs, tauscht ihr eure Adressen aus?)*
4. **scriversi** *(sich schreiben)*
   Bene, così ci scriviamo. *(Gut, also schreiben wir uns.)*

Die reflexiven Verben werden in der Regel im Perfekt (s. § 9) mit dem Hilfsverb **essere** gebildet.
Ieri non mi **sono** sentito / a bene. *(Gestern habe ich mich nicht wohl gefühlt.)*

Die Stellung der Reflexivpronomen

Das Reflexivpronomen steht wie das unbetonte Objektspronomen in der Regel vor dem Verb: Io **mi** vesto. *(Ich ziehe mich an.)*
ACHTUNG: Beim Imperativ (s. § 8) und Infinitiv gelten folgende Regeln:
Ist der Imperativ bejaht, dann wird das Reflexivpronomen an das Verb angehängt: Alza**ti**! *(Steh auf!)*, Laviamo**ci**! *(Waschen wir uns!)*

Ist der Imperativ verneint, dann kann das Reflexivpronomen entweder vorangestellt oder angehängt werden: Non **ti** alzare! bzw. Non alzar**ti**! *(Steh nicht auf!)*.

Grundsätzlich wird das Reflexivpronomen an den Infinitiv angehängt:
Antonella ama vestir**si** bene. *(Antonella zieht sich gerne schick an.)*

In der Kombination mit den Modalverben (**dovere**, **potere**, **volere**, s. § 19) kann das Reflexivpronomen aber auch vorangestellt sein: Io non **mi** voglio alzare presto. bzw. Io non voglio alzar**mi** presto *(Ich will nicht früh aufstehen.)*.

1

Schreiben Sie die reflexiven bzw. reziproken Verben in die Lücken. In Klammern finden Sie die Infinitive und, wenn nötig, auch die Subjektpronomen.

1. Allora, ________________ (noi, sentirsi) domani?
2. Marco e Margherita ________________ (telefonarsi) ogni giorno.
3. Ragazze, a che ora ________________ (alzarsi) domani mattina?
4. Michele e mio fratello ________________ (sentirsi) stasera e domani mi scrivono una e-mail.

§ 8 Der Imperativ

Der Imperativ der 1. und 2. Person Plural ist in allen drei Konjugationen mit dem Indikativ Präsens identisch. Bei den Verben auf **-ere** und **-ire** trifft dies auch auf die 2. Person Singular zu.

1. Regelmäßige Verben

	LAVORARE *(arbeiten)*	SCRIVERE *(schreiben)*	DORMIRE *(schlafen)*
(tu)	Lavora!	Scrivi!	Dormi!
(Lei)	Lavori!	Scriva!	Dorma!
(noi)	Lavoriamo!	Scriviamo!	Dormiamo!
(voi)	Lavorate!	Scrivete!	Dormite!

2. Verben mit Stammerweiterung

Die Verben mit Stammerweitung (s. § 6) behalten ihre Besonderheit auch im Imperativ.

	FINIRE
(tu)	Finisci!
(Lei)	Finisca!
(noi)	Finiamo!
(voi)	Finite!

Der verneinte Imperativ ist in seiner Konjugation mit den o.g. Imperativformen identisch, lediglich in der 2. Person Singular wird er durch **non** + Infinitiv gebildet.
Non parlare! *(Sprich nicht!)*

Die Befehlsformen **dai**, **fai**, **stai**, **vai** werden häufig zu **dà**, **fà**, **stà**, **và** verkürzt.
Và a vedere cosa fanno! *(Geh und schau, was sie machen!)*

1

Kreuzen Sie die richtigen Imperativformen an.

1. Non ... !
   - a. parlare
   - b. parla

2. Carlo, ... !
   - a. studia
   - b. studi

3. Bambini, ... !
   - a. dormi
   - b. dormite

4. ... a casa!
   - a. andiamo
   - b. sentite

5. Signora Ludovisi, ... !
   - a. mangi
   - b. mangia

6. Mamma, ... !
   - a. cucinate
   - b. cucina

§ 9 Das *passato prossimo*

Das Perfekt ist die am häufigsten verwendete Vergangenheitsform im Italienischen. Man beschreibt damit Ereignisse, die nicht lange zurückliegen oder sich auf einen Zeitraum beziehen, der bis in die Gegenwart hineinreicht.
Gli **ho telefonato** ieri. *(Ich habe ihn gestern angerufen.)*
Questa settimana **ho lavorato** molto. *(Diese Woche habe ich viel gearbeitet.)*

1. Bildung und Konjugation des Perfekts

Das Perfekt (**passato prossimo**) wird mit den Hilfsverben **essere** oder **avere** im Präsens und dem Partizip Perfekt des jeweiligen Verbs gebildet.

Regelmäßige Verben auf **-are** bilden das Partizip Perfekt mit der Endung **-ato**, die Verben auf **-ere** mit der Endung **-uto**, die Verben auf **-ire** mit der Endung **-ito**.

Infinitiv	Partizip Perfekt	passato prossimo
andare	and**ato**	sono andato/a, sei andato/a, è andato/a, ...
ricevere	ricev**uto**	ho ricevuto, hai ricevuto, ha ricevuto, ...
finire	fin**ito**	ho finito, hai finito, ha finito, ...

Verben auf **-cere**, die ein Regelmäßiges Partizip Perfekt bilden, führen vor der Endung **-uto** ein **i** ein.

conoscere	conosc**iuto**	ho conosciuto, hai conosciuto, ha conosciuto, ...

2. *Avere* oder *essere?*

Mit **avere** wird im Italienischen das Perfekt der „transitiven" Verben gebildet. („Transitiv" sind Verben mit einem direkten Objekt, d. h. Verben, die auf die Frage „was?" oder „wen?" antworten.) Dabei bleibt das Partizip Perfekt unverändert.

Avete visto Mario? *(Habt ihr Mario gesehen?)*
Abbiamo invitato anche Sandro. *(Wir haben auch Sandro eingeladen.)*

Mit **essere** bildet man das Perfekt der „intransitiven" Verben. („Intransitive" Verben haben kein direktes Objekt wie z. B. **sembrare**, **diventare**, **essere**.)

Bei der Perfektbildung mit **essere** richtet sich das Partizip Perfekt in Geschlecht und Zahl nach dem Subjekt.
Maria **è stata** a scuola tutto il giorno. *(Maria ist den ganzen Tag in der Schule gewesen.)*
Gianni **è diventato** avvocato. *(Gianni ist Rechtsanwalt geworden.)*
I tuoi genitori **sono sembrati** molto gentili.
(Deine Eltern haben einen sehr netten Eindruck gemacht.)

Besteht das Subjekt aus mehreren Personen bzw. Substantiven verschiedenen Geschlechts, steht das Partizip Perfekt immer in der männlicher Pluralform.
Chiara e Antonio **sono arrivati** poco fa. *(Chiara und Antonio sind gerade angekommen.)*

Verben der Bewegungsart (z. B. **nuotare**, **sciare**, **passeggiare**, **camminare** etc.) bilden das Perfekt mit **avere**.
Ho **camminato / passeggiato / sciato / nuotato** per ore.
(Ich bin stundenlang gelaufen / spazieren gegangen / Ski gefahren / geschwommen.)

Verben der Bewegungsrichtung (z. B. **andare**, **tornare** etc.) bilden das Perfekt mit **essere**.
Maria **è andata** a scuola. *(Maria ist zur Schule gegangen.)*

Verben, die atmosphärische Phänomene darstellen, bilden das Perfekt in der Regel mit **essere**, in der Umgangssprache wird jedoch häufig **avere** verwendet.
È piovuto / nevicato. *(Es hat geregnet / geschneit.)*

3. Das Perfekt der Modalverben

Werden die Verben **sapere**, **dovere**, **potere** und **dovere** allein verwendet, bilden sie das Perfekt mit **avere**.
Ha voluto così. *(Er / sie hat es so gewollt.)*
Non **ho potuto**. *(Ich habe nicht gekonnt.)*

Begleiten sie ein weiteres Verb, so übernehmen sie dessen Hilfsverb und werden dabei ins Partizip Perfekt gesetzt.
È dovuta partire presto. *(Sie hat früh abfahren müssen.)*
Non **sono potuta** venire. *(Ich habe nicht kommen können.)*

4. Unregelmäßige Partizipien

accendere	*anschalten*	**acceso**
avere	*haben*	**avuto**
bere	*trinken*	**bevuto**
chiedere	*fragen*	**chiesto**
dipingere	*malen*	**dipinto**
essere	*sein*	**stato**
leggere	*lesen*	**letto**
mettere	*stellen / legen*	**messo**
perdere	*verlieren*	**perduto**
prendere	*nehmen*	**preso**
spegnere	*ausschalten*	**spento**

togliere	*entfernen*	**tolto**
vedere	*sehen*	**visto**
vivere	*leben*	**vissuto**

1

Schreiben Sie die richtigen Partizipien des Perfekts in die Lücken. In Klammern finden Sie die Infinitive.

1. Abbiamo ________________ (mangiare) lasagne, arista di maiale con contorno di insalata e dessert.
2. Ho ________________ (bere) troppa birra e ora ho mal di stomaco.
3. I miei fratelli sono ________________ (andare) a scuola.
4. Marco è ________________ (uscire).
5. Io e mio marito non siamo ________________ (potere) venire alla tua festa. Ci dispiace tanto.

§ 10 Das Futur

Möchten Sie über Dinge sprechen, die in der Zukunft liegen, verwenden Sie als Zeitform das Futur.

Das Futur drückt einen in der Zukunft liegenden Vorgang aus:
Faremo alcune gite. *(Wir werden einige Ausflüge machen.)*

Es kann außerdem einen Zweifel oder eine Unsicherheit ausdrücken.
Saranno le due. *(Es wird wohl zwei Uhr sein.)*

1. Bildung des Futurs

Bei der Bildung des Futurs wird von der Infinitivform ausgegangen, die – um den Endvokal gekürzt – mit den Futurendungen erweitert wird. Die Futurendungen (**-ò**, **-ai**, **-à**, **-emo**, **-ete**, **-anno**) sind bei alle Konjugationen gleich.

a) Regelmäßige Konjugationen
Verben auf **-are**, **-ere** und **-ire**

PARLARE *(sprechen)*	PRENDERE *(nehmen)*	PARTIRE *(abfahren)*
parl**erò**	prender**ò**	partir**ò**
parl**erai**	prender**ai**	partir**ai**
parl**erà**	prender**à**	partir**à**
parl**eremo**	prender**emo**	partir**emo**
parl**erete**	prender**ete**	partir**ete**
parl**eranno**	prender**anno**	partir**anno**

Achten Sie bei den Verben auf **-are** darauf, dass das **a** der Infinitivendung – nun unbetont – zu **e** geschwächt wird (parl**a**re ▸ parl**e**rò). Eine Ausnahme zu dieser Regel bilden die zweisilbigen Verben: dare ▸ **darò**, fare ▸ **farò**, stare ▸ **starò**. Bei diesen Verben bleibt das **a** der Infinitivendung erhalten.

Eine weitere Besonderheit weisen die Verben auf **-care/-gare** und **-ciare/-giare** auf: Um den harten Laut **c** bzw. **g** zu erhalten, wird vor der Futurendung ein **h** eingeschoben. cercare ▸ cerc**h**erò, pagare ▸ pag**h**erò

b) Unregelmäßige Konjugationen

essere und **avere**

ESSERE	AVERE
sarò	avrò
sarai	avrai
sarà	avrà
saremo	avremo
sarete	avrete
saranno	avranno

Ebenso:
andare ▸ **andrò**, bere ▸ **berrò**, dovere ▸ **dovrò**, potere ▸ **potrò**, sapere ▸ **saprò**, vedere ▸ **vedrò**, venire ▸ **verrò**, vivere ▸ **vivrò**, volere ▸ **vorrò**.

1

Schreiben Sie die richtigen Futurformen in die Lücken. In Klammern finden Sie die Infinitive und, wenn nötig, auch die Subjektpronomen.

1. Quando ________________ (tu, partire) per Milano?
2. Dove ________________ (voi, festeggiare) il vostro matrimonio?
3. Sabato ________________ (noi, venire) a casa tua.
4. Dal 21 al 28 gennaio non ________________ (io, essere) in ufficio.
5. Presto ________________ (loro, finire) quel lavoro.

§ 11 Der Konditional

Der Konditional wird im Italienischen häufig verwendet. Man kann sich damit höflicher ausdrücken oder etwas nuancierter formulieren.

- Höfliche Frage / Bitte
  Potrei parlare con il dottor Sbarbaro, per favore?
  (Könnte ich bitte mit Herrn Dr. Sbarbaro sprechen?)
- Höflicher Vorschlag
  Potrebbe passare verso le cinque? *(Könnten Sie gegen fünf Uhr vorbeikommen?)*
- Wunsch / Absicht
  Vorrei venire anch'io! *(Ich möchte auch mitkommen!)*
- Freundliche Aufforderung
  Dovresti andare dal medico. *(Du solltest zum Arzt gehen.)*
- Abgeschwächte Meinung
  Secondo me **sarebbe** meglio partire domani mattina presto.
  (Meiner Meinung nach wäre es besser, morgen früh zu fahren.)

1. Bildung des Konditionals

Bei der Bildung des Konditionals geht man von der Infinitivform aus, die – um den Endvokal gekürzt – mit den Konditionalendungen erweitert wird. Die Endungen (**-ei**, **-esti**, **-ebbe**, **-emmo**, **-este**, **-ebbero**) sind bei allen Konjugationen gleich.

a) Regelmäßige Formen

COMPRARE *(kaufen)*	PRENDERE *(nehmen)*	FINIRE
compr**erei**	prender**ei**	finir**ei**
comprer**esti**	prender**esti**	finir**esti**
comprer**ebbe**	prender**ebbe**	finir**ebbe**
comprer**emmo**	prender**emmo**	finir**emmo**
comprer**este**	prender**este**	finir**este**
comprer**ebbero**	prender**ebbero**	finir**ebbero**

Wie beim Futur wird bei den Verben auf **-are** das **a** der Infinitivendung – nun unbetont – zu **e** geschwächt. Eine Ausnahme zu dieser Regel bilden die zweisilbigen Verben: dare ▸ **darei**, fare ▸ **farei**, stare ▸ **starei**. Bei diesen Verben bleibt das **a** der Infinitivendung erhalten.

Eine weitere Besonderheit weisen die Verben auf **-care/-gare** und **-ciare/-giare** auf: Um den harten Laut **c** bzw. **g** zu erhalten, wird vor der Konditionalendung ein **h** eingeschoben.
cercare ▸ cerc**h**erei, pagare ▸ pag**h**erei.

b) Unregelmäßige Konjugationen
essere und **avere**

ESSERE	AVERE
sarei	avrei
saresti	avresti
sarebbe	avrebbe
saremmo	avremmo
sareste	avreste
sarebbero	avrebbero

Ebenso:
andare ▸ **andrei**, bere ▸ **berrei**, dovere ▸ **dovrei**, potere ▸ **potrei**, sapere ▸ **saprei**, vedere ▸ **vedrei**, venire ▸ **verrei**, vivere ▸ **vivrei**, volere ▸ **vorrei**.

1

Schreiben Sie die richtigen Konditionalformen in die Lücken. In Klammern finden Sie die Infinitive und, wenn nötig, auch die Subjektpronomen.

1. ________________ (tu, prendere) del tè o del caffè?
2. ________________ (io, fare) volentieri il poliziotto.
3. ________________ (noi, potere) vedere l'appartamento?
4. ________________ (voi, dovere) andare a scuola.

§ 12 Das Imperfetto

Das Imperfetto wird in folgenden Fällen verwendet:

Bei der Beschreibung von Gegebenheiten:
C'**era** tanta gente. *(Es waren viele Leute da.)*

Bei der Beschreibung von Personen oder Dingen:
Da ragazza **era** magra. *(Als sie ein Mädchen war, war sie dünn.)*

Bei der Schilderung von Gewohnheiten:
Da bambino non **dormiva** mai. *(Als er klein war, hat er nie geschlafen.)*

1. Bildung des Imperfetto

a) Regelmäßige Verben

Fast alle Verben haben regelmäßige Imperfetto-Formen.

-are	-ere	-ire
ANDARE	VOLERE *(wollen)*	FINIRE
and**avo**	vol**evo**	fin**ivo**
and**avi**	vol**evi**	fin**ivi**
and**ava**	vol**eva**	fin**iva**
and**avamo**	vol**evamo**	fin**ivamo**
and**avate**	vol**evate**	fin**ivate**
and**avano**	vol**evano**	fin**ivano**

b) Unregelmäßige Verben

Lediglich die Verben **dire**, **fare** und **bere** bilden das Imperfetto unregelmäßig:
dire ▸ **dicevo**, fare ▸ **facevo**, bere ▸ **bevevo**.

c) *essere* und *avere*

ESSERE	AVERE
ero	avevo
eri	avevi
era	aveva
eravamo	avevamo
eravate	avevate
erano	avevano

1

Kreuzen Sie die richtigen Imperfetto-Formen an.

1. Da ragazzo, Luigi ... sempre con i miei amici.
   - a. usciva
   - b. poteva

2. Da bambina ... con mia sorella.
   - a. dovevano
   - b. giocavo

3. In vacanza ... fino alle dieci.
   - a. partivate
   - b. dormivi

4. Da giovane ... più bella.
   - a. beveva
   - b. era

2

Schreiben Sie die richtigen Imperfetto-Formen in die Lücken. In Klammern finden Sie die Infinitive und, wenn nötig, auch die Subjektpronomen.

1. Ti ________________ (piacere) giocare con i tuoi compagni di scuola?
2. In Italia ________________ (noi, mangiare) ogni giorno pasta o pizza.
3. In Spagna ________________ (loro, andare) ogni sera ad una festa.
4. Ieri al mare c'________________un sole stupendo.

§ 13 Die Präpositionen

1. Die Präposition *a*

a wird verwendet:
- zur Bezeichnung bestimmter Merkmale bei Dingen:
  la giacca **a** quadri *(die karierte Jacke)*, la gonna **a** righe *(der gestreifte Rock)*
- in der Bedeutung von *pro / je:*
  due ore **al** giorno *(zwei Stunden pro Tag)*, tre euro **al** chilo *(drei Euro pro Kilo)*
- bei Uhrzeiten:
  alle nove *(um neun Uhr)*, **a** Natale *(zu / über Weihnachten)*, **a** Pasqua *(zu / über Ostern)*, **a** domani! *(bis morgen!)*
- bei Altersangaben:
  a ventitré anni *(mit dreiundzwanzig Jahren)*
- Bei Ortsangaben wie: **al** ristorante *(im / ins Restaurant)*, **al** bar *(im / ins Café)*, **all'**albergo *(im / ins Hotel)*, **alla** posta *(auf der / die Post)*, **alla** banca *(auf der / die Bank)*, **al** mercato *(auf dem / den Markt)*

Am häufigsten wird die Präposition **a** zur Orts- und Richtungsbestimmung auf die Frage *wo? / wohin?* bei Städten und kleinen Inseln verwendet:
Sono **a** Capri / **all'**isola d'Elba / **a** Roma. *(Ich bin auf Capri / auf der Insel Elba / in Rom.)*

2. Die Präposition *in*

in wird verwendet:
- um zu beschreiben, mit welchem Verkehrsmittel man sich fortbewegt:
  Andiamo **in** treno / **in** bicicletta / **in** macchina / **in** nave / **in** aereo / **in** tram.
  (Wir fahren mit den Zug / mit dem Fahrrad / mit dem Auto / mit dem Schiff / mit dem Flugzeug / mit der S-Bahn.)
- bei Monaten, Jahreszeiten und Jahreszahlen:
  in aprile / **in** primavera / **nel** 1983 *(im April / im Frühling / (im Jahre) 1983)*
- als Ortsangabe bei Ländern, Regionen und größeren Inseln:
  Sono **in** Italia / **in** Toscana / **nell'**Italia meridionale / **in** Sicilia.
  (Ich bin in Italien / in der Toskana / in Süditalien / auf Sizilien.)
  Vanno **in** Italia / **in** Toscana / **in** Italia meridionale / **in** Sicilia.
  (Sie fahren nach Italien / in die Toskana / nach Süditalien / nach Sizilien.)
- bei einer Reihe von Substantiven wie:
  in ufficio, **in** centro, **in** campagna, **in** città
  (im / ins Büro, im / ins Zentrum, in der / die Stadt)

3. Die Präposition *di*

di wird verwendet:

- zur Bildung des Genitivs:
  le camere **dell'**albergo *(die Zimmer des Hotels)*
  la bicicletta **di** Mauro *(Mauros Fahrrad)*
- zur Bezeichnung des Herkunftsortes einer Person in Verbindung mit **essere**:
  Sono **di** Mantova. *(Ich bin aus Mantua.)*
- zur Angabe von Tages- oder Jahreszeiten:
  di mattina, **di** giorno, **d'**inverno, **d'**estate *(morgens, tagsüber, im Winter, im Sommer)*
- nach Mengenangaben und Maßeinheiten:
  un chilo **di** pomodori *(ein Kilo Tomaten)*
- zur Bezeichnung des Stoffes bzw. des Materials eines Gegenstandes:
  un cappotto **di** lana *(ein Wollmantel)*

4. Die Präposition *da*

da wird verwendet:

- bei Zeitangaben:
  da ieri, **da** un mese, **da** una settimana, **da** due anni, **dalle** otto
  (seit gestern, seit einem Monat, seit einer Woche, seit zwei Jahren, seit acht Uhr)
- zur Bezeichnung des Ausgangsortes:
  Torno **da** Roma / **dalla** Spagna / **dall'**America.
  (Ich komme aus Rom / Spanien / Amerika zurück.)
- zur Ortsangabe, wenn der Zielort eine Person ist:
  Vado **dal** medico / **dal** dentista / **dai** miei genitori / **da** Maria.
  (Ich gehe zum Arzt / zum Zahnarzt / zu meinen Eltern / zu Maria.)

5. Die Präposition *con*

con bedeutet *mit:*
Veniamo **con** voi. *(Wir kommen mit euch.)*
Quel signore **con** i baffi è tuo padre? *(Ist der Mann mit dem Schnurrbart dein Vater?)*

6. Die Präposition *per*

Per + Infinitiv wird verwendet, um Finalsätze zu bilden:
Devo lavorare **per** mantenere la mia famiglia.
(Ich muss arbeiten, um meine Familie zu unterhalten.)

In Verbindung mit Verkehrsmitteln und Substantiven wie **il biglietto** bezeichnet **per** den Zielort:

il treno / l'aereo / l'autobus / la linea **per** Roma
(der Zug / das Flugzeug / der Bus / die Linie nach Rom)

7. Die Präposition *su*

Su steht bei Ortsangaben auf die Frage *wo?* oder *wohin?*
il viaggio di nozze **sulle** Dolomiti *(die Hochzeitsreise in die Dolomiten)*
il balcone con la vista **sul** mare *(ein Balkon mit Blick aufs Meer)*
Siamo saliti **sulla** cupola di S. Pietro.
(Wir sind auf die Kuppel des Petersdoms gestiegen.)

8. Präpositionen mit bestimmtem Artikel *(preposizioni articolate)*

Sehr oft werden die Präpositionen mit dem Artikel zu einem Wort verschmolzen. Dabei entstehen folgende Verbindungen:

+	il	lo	l'	la	i	gli	le
a	al	allo	all'	alla	ai	agli	alle
da	dal	dallo	dall'	dalla	dai	dagli	dalle
di	del	dello	dell'	della	dei	degli	delle
in	nel	nello	nell'	nella	nei	negli	nelle
su	sul	sullo	sull'	sulla	sui	sugli	sulle

1

Kreuzen Sie die richtigen Präpositionen an.

1. Sono tornata ieri ... Roma.
   - a. da
   - b. di

2. Ho comprato una bottiglia ... vino rosso.
   - a. per
   - b. di

3. Dobbiamo risparmiare ... comprare una macchina nuova.
   - a. per
   - b. con

4. Vengo ... treno.
   - a. su
   - b. in

2

Schreiben Sie die richtigen Präpositionen in die Lücken.

1. Che bel cappotto _______ lana!
2. Siamo saliti _______ Etna.
3. Sono tornati ieri _______ Caraibi.
4. Andiamo _______ ristorante stasera?

§ 14 Die Possessivbegleiter

Die Possessivbegleiter richten sich nach dem Geschlecht und der Zahl ihres Beziehungswortes. Nur **loro** bleibt unverändert (z. B. Vengono le mie amiche con **i loro** figli).

Possessivbegleiter können sowohl mit dem bestimmten als auch mit dem unbestimmten Artikel verwendet werden – außer vor Bezeichnungen für Familienmitglieder im Singular.

Sonderfälle:
In einigen Fällen steht auch im Singular der Artikel:

- bei Familienbezeichnungen wie papà / babbo / mamma: **il mio** papà / babbo *(Vati)*, **la mia** mamma
- bei Bezeichnungen mit Suffix: **il tuo** fratellino *(Brüderchen)*, **la mia** sorellina *(kleine Schwester)*
- wenn eine Ergänzung dabeisteht:
  Giorgio è **il mio** fratello più grande *(mein ältester Bruder)* (lesen Sie dazu § 3.6), **il mio** cugino di Roma *(mein Cousin aus Rom)*

	m.sg.	*w.sg.*	*m.pl.*	*w.pl.*
1. Pers. Sg.	**il mio** libro	**la mia** borsa	**i miei** libri	**le mie** borse
	mein Buch	*meine Tasche*	*meine Bücher*	*meine Taschen*
2. Pers. Sg.	**il tuo** libro	**la tua** borsa	**i tuoi** libri	le tue borse
	dein Buch	*deine Tasche*	*deine Bücher*	*deine Taschen*
3. Pers. Sg.	**il suo** libro	**la sua** borsa	**i suoi** libri	**le sue** borse
	sein/ihr Buch	*seine/ihre Tasche*	*seine/ihre Bücher*	*seine/ihre Taschen*
3. Pers. Sg./ Anrede	**il Suo** libro	**la Sua** borsa	**i Suoi** libri	**le Sue** borse
	Ihr Buch	*Ihre Tasche*	*Ihre Bücher*	*Ihre Taschen*

	m.sg.	*w.sg.*	*m.pl.*	*w.pl.*
1. Pers. Pl.	**il nostro** libro	**la nostra** borsa	**i nostri** libri	**le nostre** borse
	unser Buch	*unsere Tasche*	*unsere Bücher*	*unsere Taschen*
2. Pers. Pl.	**il vostro** libro	**la vostra** borsa	**i vostri** libri	**le vostre** borse
	euer Buch	*eure Tasche*	*eure Bücher*	*eure Taschen*
3. Pers. Pl.	**il loro** libro	**la loro** borsa	**i loro** libri	**le loro** borse
	ihr Buch	*ihre Tasche*	*ihre Bücher*	*ihre Taschen*

ACHTUNG: In der 3. Person Singular wird zwischen männlichem und weiblichem Besitzer nicht unterschieden: il **suo** nome – ***sein/ihr*** *Name*

Beachten Sie auch folgende Wendungen:

a casa mia	oder	da me	*bei mir (zu Hause)/zu mir (nach Hause)*
a casa nostra	oder	da noi	*bei uns (zu Hause)/zu uns (nach Hause)*
a casa dei miei	oder	dai miei	*bei meinen Eltern/zu meinen Eltern*

1

Schreiben Sie den richtigen Possessivbegleiter in die Lücken. Die entsprechenden Personalpronomen stehen in Klammern.

1. il ______ amico (io)
2. la ______ amica (lui)
3. i ______ zii (noi)
4. le ______ cugine (voi)
5. la ______ famiglia (loro)
6. le ______ lettere (Lei)

§ 15 Die Demonstrativbegleiter

Demonstrativbegleiter verwendet man, um auf eine Person oder Sache besonders hinzuweisen.

1. ***questo***

a) adjektivischer Gebrauch

Questo wird verwendet, um auf Personen oder Sachen hinzuweisen, die sich in der Nähe (des Sprechers) befinden. Es verhält sich wie ein herkömmliches Adjektiv mit vier Endungen (**questo/-a/-i/-e**) und wird vor Substantiven mit Vokal apostrophiert:

È tua **questa** borsa? *(Gehört diese Tasche dir?)*
Quest'estate andremo in Italia. *(Diesen Sommer werden wir nach Italien fahren.)*

b) pronominaler Gebrauch
Ist **questo** nicht mit einem Substantiv verbunden, verhält es sich wie ein Pronomen:

È vostro questo (Adj.) libro? – Quale, **questo** (Pron.)? Sì, è il nostro.
(Gehört dieses Buch euch? – Welches, dieses? Ja. Das ist unseres.)

2. *quello*

a) adjektivischer Gebrauch
Um auf Personen oder Sachen hinzuweisen, die sich in einer gewissen räumlichen Entfernung befinden, verwenden Sie **quello**.
Vedi **quel** signore lì? *(Siehst du den Mann dort?)*

Ist **quello** einem Substantiv vorangestellt, werden die hier angegebenen Formen verwendet. Die Endung hängt vom Anfangsbuchstaben des Folgewortes ab:

m. sg.	*m. pl.*	
quel libro	**quei** libri	vor Konsonanten
quell'amico	**quegli** amici	vor Vokalen
quello specchio	**quegli** specchi	vor **s** + Konsonant, **z**, **ps**, **gn** sowie vor **x** und **y**

w. sg.	*w. pl.*	
quella casa	**quelle** case	vor Konsonanten
quell'amica	**quelle** amiche	vor Vokalen

b) pronominaler Gebrauch
Ist **quello** nicht mit einem Substantiv verbunden, verhält es sich wie ein herkömmliches Adjektiv mit vier Endungen (**quello / a / i / e**):
Che vuole **quello / quella**? *(Was will der/ die da?)*

Quello wird auch verwendet, um die Wiederholung eines Substantives zu vermeiden:
Quale vestito compri? **Quello** rosso? *(Welches Kleid kaufst du? Das rote?)*

1

Kreuzen Sie die richtigen Demonstrativbegleiter an.

1. … maglia
   - a. questa
   - b. quelli

2. … borse
   - a. quella
   - b. quelle

3. … signori
   - a. queste
   - b. quei

4. ... bambine
- a. quelle
- b. questo

5. ... cappotto
- a. quello
- b. quel

6. ... appartamento
- a. quell'
- b. quel

§ 16 Die unbestimmten Pronomen (Indefinitpronomen)

Indefinitpronomen bezeichnen Personen oder Sachen, die nicht genau bestimmt sind bzw. die der Sprecher nicht genau bestimmen kann oder will.
Man unterscheidet drei Gruppen:

1. Nur adjektivisch gebrauchte Indefinitpronomen

Die adjektivisch gebrauchten Indefinitpronomen **qualche**, **ogni**, **qualsiasi**, **qualunque** sind unveränderlich und stehen in Verbindung mit einem Substantiv.

qualche libro *(einige Bücher)*, **qualche** ragazza *(einige Mädchen)*, **ogni** studente *(jeder Student)*, **ogni** studentessa *(jede Studentin)*, **qualsiasi / qualunque** uomo *(jeder Mann)*, **qualsiasi / qualunque** donna *(jede Frau)*

2. Nur pronominal gebrauchte Indefinitpronomen

qualcuno/a, **ognuno/a**, **uno/a** werden nur im Singular verwendet:
Ragazzi, **qualcuno / uno** di voi lo farà.
(Jungs, irgendjemand / einer von euch wird es tun.)

Qualcosa ist unverändlich, es bezeichnet nur Sachen oder Sachverhalte.
Fà **qualcosa**! *(Mach etwas!)*

3. Adjektivisch und pronominal gebrauchte Indefinitpronomen

Folgt **tutto** ein Substantiv, steht der dazugehörende Artikel zwischen **tutto** und dem Substantiv.
tutti gli studenti *(alle Studenten)*, **tutti** i giorni *(jeden Tag)*, **tutti** *(alle)*, **tutto** *(alles)*

Tanto, **molto**, **troppo** und **poco** drücken eine unbestimmte Menge aus.
Ho **molto / tanto** lavoro. *(Ich habe viel Arbeit.)*
Hai **molti / tanti** amici? *(Hast du viele Freunde?)*

1

Kreuzen Sie die richtigen Indefinitpronomen an.

1. C'è ...?
   - a. qualcuno
   - b. tutti

2. Ho ... amiche.
   - a. poco
   - b. molte

3. Ho lavorato ... il giorno.
   - a. tutti
   - b. tutto

4. C'era ... gente.
   - a. tanta
   - b. tutti

5. Racconta ...!
   - a. pochi
   - b. qualcosa

6. A Luca puoi chiedere ... cosa.
   - a. qualsiasi
   - b. tutta

§ 17 Zahlen und Zeitangaben

1. Die Grundzahlen

0 zero
1 uno
2 due
3 tre
4 quattro
5 cinque
6 sei
7 sette
8 otto
9 nove
10 dieci
11 undici
12 dodici
13 tredici
14 quattordici
15 quindici
16 sedici
17 diciassette
18 diciotto
19 diciannove
20 venti
21 ventuno
22 ventidue
23 ventitré
24 ventiquattro
25 venticinque
26 ventisei
27 ventisette
28 ventotto
29 ventinove
30 trenta
31 trentuno
32 trentadue
33 trentatré
34 trentaquattro
35 trentacinque
36 trentasei
37 trentasette
38 trentotto
39 trentanove
40 quaranta
50 cinquanta
60 sessanta
70 settanta
80 ottanta
90 novanta
100 cento
101 centouno
102 centodue
103 centotré
104 centoquattro
105 centocinque
1.000 mille
1.001 milleuno
2.000 duemila
3.000 tremila
10.000 diecimila
100.000 centomila
1.000.000 un milione
1.000.000.000 un miliardo

Die Grundzahlen sind männlich. Sie sind unveränderlich, mit Ausnahme von **lo zero**, **il milione**, **il miliardo**, die als Substantive einen regelmäßigen Plural auf **-i** bilden (**gli zeri**, **i milioni**, **i miliardi**).

Ebenfalls veränderlich ist **mille**. Es bildet einen unregelmäßigen Plural auf **-a** (**mila**) und wird dann nur noch mit einem **l** geschrieben:
C'erano **duemila** persone. *(Es waren zweitausend Personen da.)*

Nach **milione** und **miliardo** werden Substantive mit **di** angeschlossen:
un milione di studenti *(eine Million Studenten);*
due miliardi di euro *(zwei Milliarden Euro)*

Sind aber **milione** oder **miliardo** mit einer anderen Grundzahl verbunden, entfällt die Präposition **di**:
due milioni e trecentomila euro *(zwei Millionen dreihunderttausend Euro)*

2. Gebrauch der Grundzahlen bei Datum, Uhrzeit und Altersangaben

a) Datum

Bei Datumsangaben werden im Italienischen Grundzahlen verwendet:
Arrivo a Monaco **il cinque ottobre**. *(Ich komme in München am 5. Oktober an.)*
Il mio compleanno è **il due di aprile**. *(Ich habe am 2. April Geburtstag.)*
Sono nato/a **il 15 marzo 1965** (millenovecentosessantacinque).
(Ich bin am 15. März 1965 geboren.)

b) Uhrzeit

Die Uhrzeit gibt man an mit der 3. Person Pl. von **essere** und dem bestimmten Artikel **le** (w. pl.): **sono le ...** + Zahl.
Che ora è / Che ore sono? – **Sono le tre.** *(Wie spät ist es? – Es ist drei Uhr.)*

Bei der Zeitangabe **l'una** *(ein Uhr)* steht der bestimmte Artikel im Singular.
È l'una. *(Es ist ein Uhr.)*

Bei Minutenangaben (bis zur 39. Minute einer Stunde) werden die Zahlen mit der Konjunktion **e** *(und)* angeschlossen.
Sono **le cinque e dieci**. *(Es ist zehn nach fünf.)*

Ab der vierzigsten Minute einer Stunde wird die Zeitangabe durch Abziehen der Minuten von der folgenden Stunde gebildet: 3.40 Uhr = 4.00 Uhr minus (**meno**) 20.
Sono **le quattro meno venti**. *(Es ist zwanzig vor vier.)*

Bei der Angabe der Uhrzeit wird in der Regel sowohl vormittags als auch nachmittags bis zwölf gezahlt. Nur bei offiziellen Zeitangaben (Radio, Fernsehen, Bahnhof, Flughafen) wird nach 12 Uhr mittags weiter bis 24 Uhr gezählt.
È l'una. *(Es ist ein Uhr.)* Sono **le tredici**. *(Es ist dreizehn Uhr.)*

c) Altersangaben
Auch zur Angabe des Alters werden die Grundzahlen verwendet.
Ho **trent'anni**. *(Ich bin dreißig Jahre alt.)*

1

Kreuzen Sie die richtigen Antworten an.

1. 1.256
   - a. milleduecentocinquantasei
   - b. millecinquecentoventisei

2. 111
   - a. centoundici
   - b. centouno

2

Schreiben Sie die in den Klammern angegebenen Daten bzw. Uhrzeiten in Worten in die Lücken.

1. Parto per Madrid il ________________ (25.09.).
2. Che ore sono? – Sarà ________________ (1.00).
3. Marco è nato il ________________ (23.01.1980).
4. Ho ________________ (53) anni.

§ 18 Die Verneinung

Im Italienischen werden Sätze mit **no**, **non** oder **non ... mai**, **non ... ancora** etc. verneint.

1. *No*

Die einfachste Verneinung im Italienischen ist **no**:
Sei italiana? – **No**, sono spagnola. *(Bist du Italienerin? – Nein, ich bin Spanierin.)*
Venite con noi a teatro? – **No**, abbiamo il corso di nuoto.
(Kommt ihr mit uns ins Theater? – Nein, wir haben Schwimmkurs.)

2. *Non*

Non steht immer vor dem Verb.
Domani **non** vengo. *(Morgen komme ich nicht.)*
Non ho tempo. *(Ich habe keine Zeit.)*

In negativen Antworten kann es durch **no** verstärkt werden.
No, **non** sono inglese. *(Nein, ich bin kein/e Engländer/-in.)*

3. Die mehrteilige Verneinung

Eine Besonderheit des Italienischen stellt die mehrteilige Verneinung dar. Dabei werden zu **non** Adverbien oder Pronomina hinzugefügt:

non ... ancora	*noch nicht*	**non ... nessuno**	*niemand / kein*
non ... mai	*nie(mals)*	**non ... niente / nulla**	*nichts*
non ... più	*nicht mehr*	**non ... neanche, non ...**	
non ... affatto	*überhaupt nicht*	**nemmeno, non ... neppure**	*auch nicht,*
non ... né ... né	*weder ... noch*		*nicht einmal*

Non mangio **mai** carne. *(Ich esse nie Fleisch.)*
Non l'ho **più** visto. *(Ich habe ihn nicht mehr gesehen.)*
Non abbiamo comprato **niente**. *(Wir haben nichts gekauft.)*

Achten Sie bei der mehrteiligen Verneinung vor allem auf die Wortstellung:
Non steht immer vor dem Verb, der zweite Teil der Verneinung nach dem Verb.

Möchten Sie die Verneinungen **mai**, **niente**, **nulla**, **nessuno**, **neache**, **né ... né**, **nemmeno** besonders betonen, werden diese ohne die zusätzliche Negation **non** dem Verb vorangestellt:
Nessuno ha telefonato! *(Niemand hat angerufen!)*
Neanch'io lo sapevo! *(Ich wusste es auch nicht!)*

1

Kreuzen Sie die richtigen Verneinungen an.

1. ...sono ... stata a Londra.
   - a. Non ... nessuno
   - b. Non ... più

2. ... gli abbiamo ... telefonato.
   - a. Non ... nessuno
   - b. Non ... neanche

3. Giulia ... è ... venuta in ufficio.
   - a. non ... neppure
   - b. non ... nulla

4. ... hanno scritto ...
   - a. Né ... né
   - b. Non ... niente

§ 19 Die Modalverben

Im Italienischen gibt es drei Modalverben: **potere** *(können, dürfen)*, **volere** *(wollen, mögen)* und **dovere** *(müssen, sollen)*.

POTERE	VOLERE	DOVERE
posso	voglio	devo
puoi	vuoi	devi
può	vuole	deve
possiamo	vogliamo	dobbiamo
potete	volete	dovete
possono	vogliono	devono

Partizip Perfekt: **potuto**, **voluto**, **dovuto**.

Può venire domani? *(Können Sie morgen kommen?)*
Posso telefonare? *(Kann/ darf ich anrufen?)*

Domani sera **vogliamo** andare al cinema. *(Morgen Abend wollen wir ins Kino gehen.)*
Volete venire? *(Wollt ihr mitkommen?)*

Beachten Sie:
Statt **voglio** *(ich will)* wird oft der Konditional **vorrei** gebraucht:
Vorrei un caffè, per favore. *(Ich möchte bitte einen Kaffee.)*

Devo andare alla stazione. *(Ich muss zum Bahnhof gehen.)*
Quando **devo** venire? *(Wann soll ich kommen?)*

1

Schreiben Sie die richtigen Modalverben in die Lücken. In Klammern finden Sie die Subjektpronomen.

1. Mi dispiace, ma non __________ (io) venire al cinema con voi, __________ (io) studiare.
2. Mamma, __________ (noi) uscire?
3. __________ (loro) pagare il biglietto del treno.
4. __________ (tu) venire anche tu in piscina?

§ 20 Fragesätze

Fragesätze erkennt man im Italienischen daran, dass sich die Stimme zum Satzende hin hebt.

1. Entscheidungsfragen

Bei Entscheidungsfragen, also Fragen, die mit **sì** oder **no** beantwortet werden, bleibt die Satzstellung die gleiche wie in einem Aussagesatz. Den Unterschied erkennt man nur an der Satzmelodie.
Francesca viene. *(Francesca kommt.)*
Francesca viene? – Sì. *(Kommt Francesca? – Ja.)*

2. Ergänzungsfragen

Bei Ergänzungsfragen, d. h. Fragen mit einem Fragewort, steht meistens das Subjekt nach dem Verb.
Quando viene Francesca? – *(Wann kommt Francesca?)*

3. Die Fragewörter

a) *chi* (wer, wen, wem)
Das Fragewort **chi** ist unveränderlich und wird nur bei Personen verwendet:
Chi è lui? *(Wer ist er?)*
Chi avete visto? *(Wen habt ihr gesehen?)*
Con **chi** hai parlato? *(Mit wem hast du gesprochen?)*

b) *che cosa* (was)
Che cosa wird ausschließlich in Bezug auf Sachen bzw. Sachverhalte verwendet, es ist unveränderlich. In der Umgangssprache wird es häufig zu **che** oder **cosa** verkürzt:
Che cosa fai? / **Che** fai? / **Cosa** fai? *(Was machst du?)*

c) *quale* (welcher, welche, welches)
Quale bezieht sich auf Personen, Tiere oder Sachen. Es kann ein Substantiv begleiten (adjektivischer Gebrauch) oder es ersetzen (pronominaler Gebrauch). **Quale** steht immer bei Fragen nach einer Auswahl aus einer bestimmten Menge. Es hat nur zwei Endungen (**-e** im Singular, **-i** im Plural) sowie eine Kurzform (**qual**), die vor den mit einem **e** beginnenden Formen von **essere** verwendet wird.

Quale libro compri? *(Welches Buch kaufst du?)*
Quali di questi libri preferisci? *(Welche von diesen Büchern bevorzugst du?)*
Qual è la Sua professione? *(Was sind Sie von Beruf?)*

d) *quanto* (wieviel)

Quanto ist in Zahl und Geschlecht veränderlich. Es kann ein Substantiv begleiten (adjektivischer Gebrauch) oder es ersetzen (pronominaler Gebrauch).
Quanti anni hai? *(Wie alt bist du?)*
In **quanti** eravate? *(Wie viele wart ihr?)*

e) *come* (wie)

Come ist unveränderlich.
Come stai? *(Wie geht es dir?)*

f) *dove* (wo?, wohin?), *di dove* (woher?), *da dove* (woher?)

Dove sei? *(Wo bist du?)*, **Dove** vai? *(Wohin gehst/fährst du?)*
Di dove sei?, **Da dove** vieni? *(Woher bist du?)*

g) *perché?* (warum?, wieso?)

Perché non venite con noi? *(Warum kommt ihr nicht mit uns?)*

h) *quando* (wann?)

Quando arriviamo? *(Wann kommen wir an?)*

1

Schreiben Sie die richtigen Fragewörter in die Lücken.

1. ______________ state? Bene?
2. ______________ non sei venuta in ufficio oggi?
3. ______________ venite? Dall'Italia o dalla Spagna?
4. ______________ figli ha?

§ 21 Infinitivsätze

1. Infinitiv ohne Präposition

Modalverben und Verben, die Vorlieben ausdrücken (**desiderare**, **preferire**, **piacere**), schließen den Infinitiv direkt ohne Präposition an.
Vorrei **uscire**. *(Ich möchte ausgehen.)*
Ivana desidera **andare** in centro. *(Ivana möchte ins Zentrum gehen.)*
Mi piace **imparare** le lingue. *(Ich lerne gerne Sprachen.)*

Nach unpersönlichen Ausdrücken, die aus **essere** + Adjektiv oder Adverb bestehen, folgt auch direkt ein Infinitiv:
È bello andare al mare. *(Es ist schön, ans Meer zu gehen.)*
È meglio parlare con il capo. *(Es ist besser, mit dem Chef zu sprechen.)*

Auch nach **che** + Adjektiv bzw. Substantiv folgt direkt ein Infinitiv:
Che bello risentirti! / **Che piacere!**
(Wie schön, wieder von dir zu hören! / Was für ein Vergnügen!)

2. Infinitiv mit Präposition

Andere Verben und Ausdrücke schließen den Infinitiv mit einer Präposition an, z. B. **andare a**, **cominciare a**, **avere voglia di**, **finire di**:
Andiamo **a** vedere il Duomo di S. Pietro? *(Schauen wir uns den Petersdom an?)*
Ho cominciato **a** lavorare. *(Ich habe angefangen zu arbeiten.)*
Ho voglia **di** mangiare un gelato. *(Ich habe Lust ein Eis zu essen.)*
Valeria finisce **di** lavorare alle sei. *(Valeria hört um sechs Uhr auf zu arbeiten.)*

Nach *essere* + Adjektiv wird normalerweise der Infinitiv durch **di** angeschlossen:
Sono stanco di lavorare. *(Ich habe die Arbeit satt.)*
Sono contenta di rivederti. *(Ich bin froh, dich wieder zu sehen.)*

1

Kreuzen Sie die richtigen Infinitive an.

1. Avete voglia ... ?
   - ☐ a. di andare a mangiare una pizza
   - ☐ b. mangiare

2. Ci piace ...
   - ☐ a. leggere romanzi.
   - ☐ b. di leggere romanzi.

3. Siete andati ... il Colosseo?
   - ☐ a. vedere
   - ☐ b. a vedere

4. Vorrei ... con te.
   - ☐ a. parlare
   - ☐ b. di telefonare

A

a	*in, pro*
A che ora?	*Um wieviel Uhr?*
a destra	*rechts*
a persona	*pro Person*
a piedi	*zu Fuß*
a quadri	*kariert*
a righe	*gestreift*
a sabato	*bis Samstag*
a sinistra	*links*
a tutti i costi	*um jeden Preis*
a volte	*ab und zu*
abbassare il volume	*leiser stellen*
abbastanza	*ziemlich*
abbondante	*reichlich*
abbraccio, l'	*Umarmung*
abitante, l'	*Einwohner*
abitazione, l'	*Wohnung, Haus*
abito da uomo, l'	*Anzug*
abituale	*gewöhnlich*
Abruzzo, l'	*Abruzzen*
accendere	*anschalten*
acqua minerale, l'	*Mineralwasser*
addormentarsi	*einschlafen*
adorare	*lieben*
Adriatico, l'	*Adria*
adulto, l'	*Erwachsener*
aereo, l'	*Flugzeug*
aeroporto, l'	*Flughafen*
affittare	*vermieten*
affitto, l'	*Miete*
aglio, l'	*Knoblauch*
agosto	*August*
aiutare	*helfen*
al massimo	*höchstens*
albergo, l'	*Hotel*
albero, l'	*Baum*
all'interno	*drinnen*
alla griglia	*gegrillt*
all'inizio	*am Anfang*
allora	*also*
Alpi, le	*Alpen*
altalena, l'	*Schaukel*
alto	*groß*
altrimenti	*sonst*
alzarsi	*aufstehen*
amaca, l'	*Hängematte*
amare	*lieben*
ambasciatore, l'	*Botschafter*
ambiente, l'	*Umwelt*
ambulatorio, l'	*Praxis*
Amburgo	*Hamburg*
America, l'	*Amerika*
americano	*amerikanisch*
amica, l'	*Freundin*
amichevole	*freundlich*
amico, l'	*Freund*
ampio	geräumig
anche	*auch*
ancora	*noch*
andare	*gehen*
andare bene	*gut passen*
andata e ritorno	*Hin- und Rückfahrt*
animale, l'	*Tier*
animale domestico, l'	*Haustier*
animatore, l'	*Animateur*
animatrice, l'	*Animateurin*
anniversario, l'	*Jahrestag*
annuale	*jährlich*
annuncio, l'	*Anzeige*
antico	*alt, antik*
sardo	*sardisch, sardinisch*
antipasto, l'	*Vorspeise*
aperto	*geöffnet, aufgeschlossen*
Apollo	*Apollo*
appartamento, l'	*Wohnung*
appena	*sobald*
appendicite, l'	*Blinddarmentzündung*
Appennino, l'	*Apennin*

applicazione, l'	*Anwendung*
appuntamento, l'	*Termin*
aprile	*April*
arabo, l'	*Arabisch*
arancia, l'	*Orange*
arancione	*orange*
archeologico	*archäologisch*
architetto, l'	*Architekt*
arista di maiale, l'	*Schweinerücken*
armadio, l'	*Schrank*
arrivare	*(an)kommen*
ascensore, l'	*Fahrstuhl*
asciugarsi	*sich abtrocknen*
ascoltare	*hören*
ascoltatore, l'	*Zuhörer*
asparagi, gli *(Pl.)*	*Spargel*
aspirina®, l'	*Aspirin®*
assaggiare	*probieren*
attore, l'	*Schauspieler*
attraversare	*überqueren*
attrice, l'	*Schauspielerin*
aumentare	*steigern*
Austria, l'	*Österreich*
austriaca, l'	*Österreicherin*
austriaco, l'	*Österreicher*
autista di autobus, l'	*Busfahrer*
autobus, l'	*Bus*
automobile, l'	*Auto*
autore, l'	*Autor*
autostrada, l'	*Autobahn*
autrice, l'	*Autorin*
autunno, l'	*Herbst*
Avanti!	*Herein!*
avere	*haben*
avere voglia di	*Lust haben*
avvenire	*passieren*
azienda, l'	*Unternehmen, Firma*
azzurro	*blau*

B

baffi, i	*Schnurrbart*
bagagli, i	*Gepäck*
bagno, il	*Bad*
balcone, il	*Balkon*
bambino, il	*Kind*
banana, la	*Banane*
banca, la	*Bank*
banconota, la	*Geldschein*
bar, il	*Bar*
barba, la	*Bart*
barca, la	*Boot*
barista, il	*Barkeeper*
Basilicata, la	*Basilikata*
battello, il	*Boot*
Befana, la	*alte Frau, die in der Nacht zum Dreikönigsfest Kinder beschenkt*
beige	*beige*
bellezza, la	*Schönheit*
bello	*schön, hübsch*
bene	*gut*
benissimo	*sehr gut*
bere	*trinken*
Berlino	*Berlin*
bianco	*weiß*
biblioteca, la	*Bibliothek*
bicchiere, il	*Glas*
bicicletta, la	*Fahrrad*
bidone del vetro, il	*Altglascontainer*
biglietto, il	*Fahrkarte*
biondo	*blond*
blu	*blau*
bocca, la	*Mund*
Bologna	*Bologna*
bosco, il	*Wald*
bottiglia, la	*Flasche*
braccio, il	*Arm*
bravo	*gut*
brutto	*hässlich*

bue, il *(Pl. buoi)*	*Ochse*
Buon compleanno!	*Alles Gute zum Geburtstag!*
Buona giornata!	*Schönen Tag!*
Buona permanenza!	*Angenehmen Aufenthalt!*
buonasera	*guten Abend*
buongiorno	*guten Tag*
buono	*gut*
burro, il	*Butter*

C

c'è	*es gibt*
cadere	*fallen*
caffè, il	*Espresso*
Cagliari	*Cagliari*
Calabria, la	*Kalabrien*
calcio, il	*Fußball*
caldo	*warm, heiß*
calvo	*glatzköpfig*
cambiare	*(sich) ändern*
cambiare canale	*umschalten*
camera da letto, la	*Schlafzimmer*
camera doppia, la	*Doppelzimmer*
cameriere, il	*Kellner*
camerino, il	*Umkleidekabine*
camicetta, la	*Bluse*
camminare	*laufen*
camomilla, la	*Kamillentee*
campagna, la	*Land*
Campania, la	*Kampanien*
canale, il	*Kanal, Sender*
cane, il	*Hund*
cantante, il	*Sänger*
canzone, la	*Lied*
capace	*fähig*
capelli	*Haare*
capire	*verstehen*
capitale, la	*Hauptstadt*
capo, il	*Chef*
cappello, il	*Hut*
cappotto, il	*Mantel*
caro	*lieb*
Caraibi, i	*die Karibischen Inseln*
cardigan, il	*Weste*
carino	*nett, hübsch*
carnagione, la	*Hautfarbe, Teint*
carne, la	*Fleisch*
carota, la	*Karotte*
carta di credito, la	*Kreditkarte*
cartina, la	*Stadtplan*
cartolina, la	*Postkarte*
cartone animato, il	*Zeichentrickfilm*
casa, la	*Haus*
casa in affitto	*Mietshaus*
casalinga, la	*Hausfrau*
cassaforte, la	*Safe*
castagna, la	*Kastanie*
castello, il	*Schloss*
cavallo, il	*Pferd*
cavolfiore, il	*Blumenkohl*
celeste	*himmelblau*
celibe	*ledig (Mann)*
cellulare, il	*Handy*
cento	*hundert*
centrale	*im Zentrum*
centro estetico, il	*Beauty-Center*
centro storico, il	*Altstadt*
cercare	*suchen*
certo	*gewiss*
cetriolo, il	*Gurke*
chattare	*chatten*
che	*wie; was; als; dass*
chi	*wer*
chiamare	*anrufen*
chiamarsi	*heißen*
chiave, la	*Schlüssel*
chiedere	*fragen*
chiesa, la	*Kirche*
chilo, il	*Kilo*

chilometro, il	*Kilometer*
chiocciola, la	*Schnecke*
chiodo, il	*Nagel*
chitarra, la	*Gitarre*
chiuso	*geschlossen*
ci	*uns*
ci sono	*es gibt; da sind*
ciao	*hallo; tschüss*
cibo, il	*Essen*
cielo, il	*Himmel*
ciliegia, la	*Kirsche*
cinema, il	*Kino*
cinese	*chinesisch*
cinquanta	*fünfzig*
cinque	*fünf*
cintura, la	*Gürtel*
cipolla, la	*Zwiebel*
circa	*ungefähr, circa*
Circo Massimo, il	*Zirkus Maximus*
città, la	*Stadt*
cittadino, il	*Bürger*
classico	*klassisch*
cliente, il	*Kunde*
cognata, la	*Schwägerin*
cognati, i	*Schwiegereltern*
cognato, il	*Schwager*
cognome, il	*Nachname*
colazione, la	*Frühstück*
collaboratrice, la	*Mitarbeiterin*
collegare	*verbinden*
colorato	*bunt*
colore, il	*Farbe*
colosseo, il	*Kolosseum*
colpire	*treffen, betreffen*
come	*wie*
Come mai?	*Wieso?*
cominciare	*beginnen, anfangen*
commessa, la	*Verkäuferin*
comodino, il	*Nachttisch*
compilare	*ausfüllen*
compleanno, il	*Geburtstag*
completo	*völlig, ganz*
comportarsi	*sich benehmen*
comprare	*kaufen*
comunque	*jedoch*
comunicazione, la	*Kommunikation*
con	*mit*
conforme	*gemäß*
confrontare	*vergleichen*
conoscenza, la	*Kenntnis*
conoscere	*kennenlernen*
conosciuto	*bekannt*
consegnare	*abgeben*
consigliare	*empfehlen*
contatto, il	*Kontakt*
continuare	*andauern, anhalten*
conto, il	*Rechnung*
contorno, il	*Beilage*
controllare	*kontrollieren*
controllo, il	*Kontrolle*
coppia, la	*Paar*
corpo, il	*Körper*
corridoio, il	*Flur*
corriere, il	*Kurier*
corso di lingua, il	*Sprachkurs*
corso di nuoto, il	*Schwimmkurs*
corto	*kurz*
corvo, il	*Rabe*
costa, la	*Küste*
costante	*ständig*
costare	*kosten*
cotoletta alla milanese, la	*Mailänder Schnitzel*
cravatta, la	*Krawatte*
crema idratante, la	*Feuchtigkeitscreme*
cucina, la	*Küche*
cucinare	*kochen*
cugino, il	*Cousin*
cupola, la	*Kuppel*
cura termale, la	*Badekuren*
curare	*pflegen*

D

d(i)ritto	*geradeaus*
d'accordo	*einverstanden*
da *(räumlich)*	*aus*
da *(zeitlich)*	*seit*
da casa	*von zu Hause*
da dove	*woher*
dare	*geben*
data, la	*Datum*
davanti	*vor*
davvero	*wirklich*
dente, il	*Zahn*
dentista, il	*Zahnarzt*
deodorante, il	*Deodorant*
desiderare	*wünschen*
dessert, il	*Nachtisch*
di	*von*
di dove	*woher*
di fronte a	*gegenüber*
di niente	*keine Ursache*
diarrea, la	*Durchfall*
dicembre	*Dezember*
diciannove	*neunzehn*
diciassette	*siebzehn*
diciotto	*achtzehn*
dieci	*zehn*
dieta, la	*Diät*
digitale	*digital*
diligente	*fleißig*
diminuire	*sinken*
dipendere	*abhängen*
dipingere	*malen*
dire	*sagen*
direttore, il	*Chef*
disoccupato	*arbeitslos*
disponibile	*hilfsbereit*
dita dei piedi, le	*Zehen*
dita, le	*Finger (Pl.)*
ditta, la	*Firma*
divano, il	*Sofa*
diventare	*werden*
divorziato	*geschieden*
documentario, il	*Dokumentarfilm*
dodicesimo	*zwölfte, -r, -s*
dodici	*zwölf*
Dolomiti, le	*Dolomiten*
domanda, la	*Frage*
domani	*morgen*
domenica, la	*Sonntag*
donna di servizio, la	*Haushaltshilfe*
dopo	*nach, danach*
dopodomani	*übermorgen*
doppio	*doppelt*
dormire	*schlafen*
dottore, il	*Doktor, Arzt*
dottoressa, la	*Doktorin, Ärztin*
dovere	*müssen*
due	*zwei*
due volte	*zweimal*
Duomo di S. Pietro, il	*Petersdom*

E

e *(in Uhrzeiten)*	*nach*
e, ed	*und*
ecco	*hier*
edizione, l'	*Ausgabe*
educato	*wohlerzogen*
effettivamente	*tatsächlich*
egoista	*egoistisch*
elefante, l'	*Elefant*
elegante	*elegant*
e-mail, la	*E-Mail*
Emilia-Romagna, l'	*Emilia-Romagna*
energia elettrica, l'	*elektrische Energie*
entrambi	*beide*
entrare	*eintreten*
escursione, l'	*Ausflug*
esperienza, l'	*Erfahrung*
espresso, l'	*Express-, Eilbote*
essere	*sein*

essere appeso	*hängen*
essere contrario	*dagegen sein*
essere favorevole	*dafür sein*
essere ferito	*verletzt sein*
essere informati	*informiert sein*
essere utile a qualcuno	*jemandem helfen*
essere seduto	*sitzen*
estate, l'	*Sommer*
estero, l'	*Ausland*
etto, l'	*hundert Gramm*
euro	*Euro*
eurocity, l'	*Eurocity*
Europa, l'	*Europa*
europeo	*europäisch*

F

fa	*vor*
facoltà, la	*Fakultät*
famiglia, la	*Familie*
famoso	*berühmt*
fantastico	*fantastisch*
fare	*machen*
fare acquisti	*Einkäufe machen*
fare immersioni	*tauchen*
fare jogging	*joggen*
fare la doccia	*duschen*
fare male	*wehtun*
fare ricerche	*recherchieren*
fare shopping	*shoppen*
fare surf	*surfen*
farmacia, la	*Apotheke*
farmacista, il/la	*Apotheker, -in*
farsi il bagno	*baden*
farsi la barba	*sich rasieren*
febbraio	*Februar*
febbre, la	*Fieber*
fermata dell'autobus, la	*Bushaltestelle*
festa della Repubblica, la	*Tag der Republik*
festeggiare	*feiern*
fidanzato	*verlobt*
figli, i	*Kinder*
figlia, la	*Tochter*
figlio, il	*Sohn*
film, il	*Film*
Finalmente!	*Endlich!*
fine settimana, il	*Wochenende*
finestra, la	*Fenster*
finire	*aufhören*
fino	*bis (zu)*
fiore, il	*Blume*
fissare	*festlegen*
fiume, il	*Fluss*
foglia, la	*Blatt*
fondare	*eröffnen*
Fontana di Trevi, la	*Trevi-Brunnen*
formazione, la	*Bildung*
foto, la	*Foto*
foto a colori, la	*Farbfoto*
fotografa, la	*Fotografin*
fra	*zwischen, in*
fragola, la	*Erdbeere*
francese, il	*Französisch (Sprache)*
francese, il/la	*Franzose, Französin*
Francia, la	*Frankreich*
fratelli e sorelle	*Geschwister*
fratello, il	*Bruder*
frattura, la	*Bruch*
freddo	*kalt*
freddo, il	*Kälte*
frequentare	*besuchen*
fresco	*frisch*
frittura di pesce, la	*frittierter Fisch*
Friuli-Venezia Giulia, il	*Friaul, Julisches Venetien*
frizzante	*mit Kohlensäure*
frutta, la	*Obst*
fungo, il	*Pilz*

G

gamba, la	*Bein*
garage, il	*Garage*
gasato	*mit Kohlensäure*
gatto, il	*Katze*
gazzetta, la	*Zeitung*
gelato, il	*Eis*
genitori, i	*Eltern*
gennaio	*Januar*
gente, la	*Leute*
gentile	*nett, freundlich*
genuino	*naturbelassen*
Germania, la	*Deutschland*
gesso, il	*Gips*
ghepardo, il	*Gepard*
ghiro, il	*Siebenschläfer*
giacca, la	*Jacke*
giallo	*gelb*
giallo, il	*Krimi*
Giappone, il	*Japan*
giapponese, il	*Japanisch (Sprache)*
giardino, il	*Garten*
ginocchio, il	*Knie*
giocare	*spielen*
giornale, il	*Zeitung*
giornalismo, il	*Journalismus*
giornalista, il	*Journalist*
giornata, la	*Tag*
giorno, il	*Tag*
giovane	*jung*
giovedì, il	*Donnerstag*
girare	*abbiegen*
gita, la	*Ausflug*
giugno	*Juni*
gli	*ihm; ihnen*
gnocchi, gli	*Gnocchi*
godere	*genießen*
gomito, il	*Ellbogen*
gonna, la	*Rock*
grado, il	*Grad*
grammo, il	*Gramm*
Gran Bretagna, la	*Großbritannien*
grande	*groß*
grassi	*Fette*
grasso	*fett*
gratis	*kostenlos*
grazie	*danke*
Grazie mille!	*Vielen Dank!*
Grecia, la	*Griechenland*
grigio	*grau*
gruppo, il	*Gruppe*
gruzzoletto, il	*Sümmchen*
guai, i	*Sorgen*
guanti, i	*Handschuhe*
guardare	*anschauen*
guardare la TV	*fernsehen*
guida turistica, la	*Reiseführer*

H

hall, la	*Halle*
Halloween	*Halloween*
hamburger, l'	*Hamburger*
hooligan, l'	*Hooligan*
hostess, la	*Flugbegleiterin*

I

idea, l'	*Idee*
ieri	*gestern*
igiene, l'	*Hygiene*
imparare	*lernen*
impiegare	*brauchen (Zeit)*
impiegata, l'	*Angestellte, Beamtin*
impiegato, l'	*Angestellter, Beamter*
improvvisamente	*plötzlich*
in contanti	*bar*
in disordine	*in Unordnung*
in esclusiva	*ein Monopol auf etwas haben*
in forma	*fit*
in particolare	*besonders*

incluso	*inklusiv*
incontrare	*treffen*
Incredibile!	*Unglaublich!*
incrocio, l'	*Kreuzung*
indagine, l'	*Nachforschung*
indicare	*zeigen, sagen*
indicazioni stradali, le	*Verkehrsschilder*
indigestione, l'	*Verdauungsstörung*
indossare	*tragen (Kleidung)*
infine	*schließlich*
influenza, l'	*Grippe*
informazione, l'	*Information*
infuriare	*toben*
inglese, l'	*Engländer, -in*
inglese, l'	*Englisch (Sprache)*
ininterrottamente	*ununterbrochen*
inoltre	*außerdem*
insalata, l'	*Salat*
insegnante, l'	*Lehrer, -in*
insegnare	*lehren*
insieme	*zusammen*
insolazione, l'	*Sonnenbrand*
insomma	*also*
intelligente	*intelligent*
interessarsi di qualcosa	*sich für etwas interessieren*
internet, l'	*Internet*
intervista, l'	*Interview*
invece	*statt*
inverno, l'	*Winter*
invito, l'	*Einladung*
involtino, l'	*Roulade*
io	*ich*
isola, l'	*Insel*
istituto professionale, l'	*Berufsfachschule*
istituto Tecnico, l'	*Berufliches Gymnasium*
Italia del sud, l'	*Süditalien*
Italia, l'	*Italien*
italiana, l'	*Italienerin*
italiano, l'	*Italiener*
italiano, l'	*Italienisch (Sprache)*

L

lampada, la	*Lampe*
lana, la	*Wolle*
latte, il	*Milch*
lattuga, la	*Kopfsalat*
laurea, la	*Studienabschluss*
lavandino, il	*Waschbecken*
lavarsi	*sich waschen*
lavorare	*arbeiten*
lavoro, il	*Arbeit*
Lazio, il	*Latium*
le	*ihr; sie*
leggere	*lesen*
leggero	*leicht*
lei	*sie (Sing.)*
letto, il	*Bett*
lì	*dort*
libero	*frei*
libreria, la	*Bücherregal*
libro, il	*Buch*
liceo, il	*Gymnasium*
Liguria, la	*Ligurien*
lilla	*lila*
limone, il	*Zitrone*
linea, la	*Linie*
lingua straniera, la	*Fremdsprache*
lingua, la	*Sprache*
litro, il	*Liter*
locale, il	*Lokal*
logico	*logisch*
Lombardia, la	*Lombardei*
Londra	*London*
lontano	*weit*
loro	*ihnen; sie (Pl.); ihr (Pl.)*
luglio	*Juli*
lui	*er*
luminoso	*hell*

lunedì, il	*Montag*
luogo, il	*Ort*
luogo di nascita, il	*Geburtsort*
luogo di residenza, il	*Wohnort*

M

ma	*aber*
macchina, la	*Auto*
madre, la	*Mutter*
madrelingua, la	*Muttersprache*
maestro, il	*Lehrer*
maggio	*Mai*
maglione, il	*Pullover*
mai	*nie*
maiale, il	*Schwein*
mal di pancia, il	*Bauchschmerzen*
mal di stomaco, il	*Magenschmerzen*
mamma, la	*Mama*
mandare	*schicken*
mandarino, il	*Mandarine*
mangiare	*essen*
mano, la	*Hand*
mansarda, la	*Dachzimmer*
mantenere la famiglia	*seine Familie unterhalten*
Mar Jonio, il	*Ionisches Meer*
Mar Ligure, il	*Ligurisches Meer*
Mar Tirreno, il	*Tyrrhenisches Meer*
Marche, le	*die Marken*
mare, il	*Meer*
marito, il	*Ehemann*
marrone	*braun*
martedì, il	*Dienstag*
marzo	*März*
massaggio, il	*Massage*
matrigna, la	*Stiefmutter*
matrimonio, il	*Hochzeit*
mattina, la	*Morgen*
maturità, la	*Abitur*
medico, il	*Arzt*
mediterraneo	*mediterran*
meglio	*besser*
melone, il	*Honigmelone*
meno (in Uhrzeiten)	*vor*
menu, il	*Speisekarte*
meraviglioso	*fantastisch*
mercato, il	*Markt*
mercoledì, il	*Mittwoch*
meridionale	*südlich*
mese, il	*Monat*
meteo, il	*Wetterbericht*
metro, il	*Meter*
metterci	*brauchen (Zeit)*
mettersi in proprio	*sich selbstständig machen*
mezza *(in Uhrzeiten)*	*halb*
mezza pensione, la	*Halbpension*
mezzo chilo, il	*halbes Kilo, Pfund*
Mezzogiorno, il	*Süditalien*
mi	*mir; mich*
mi dispiace	*es tut mir leid*
mi scusi	*entschuldigen Sie*
Milano	*Mailand*
milione, il	*Million*
minuto, il	*Minute*
mio	*mein*
misto	*gemischt*
moda, la	*Mode*
modello, il	*Modell*
Modena	*Modena*
modulo di registrazione, il	*Anmeldeformular*
modulo, il	*Formular*
moglie, la	*Ehefrau*
Molise, il	*Molise*
molto	*sehr*
montagna, la	*Berg*
monte, il	*Berg*
monumento, il	*Sehenswürdigkeit*
morale	*moralisch*

morbido	*weich*
moro	*dunkelhaarig*
morto	*gestorben, tot*
mosaico, il	*Mosaik*
Mosca	*Moskau*
mosso	*bewegt*
moto, la	*Motorrad*
muoversi	*sich bewegen*
museo provinciale, il	*Landesmuseum*
musica, la	*Musik*

N

nascere	*geboren werden*
naso, il	*Nase*
Natale	*Weihnachten*
natura, la	*Natur*
naturale	*natürlich; ohne Kohlensäure*
nave, la	*Schiff*
nazionalità, la	*Nationalität*
né … né	*weder … noch*
nebbia, la	*Nebel*
necessario	*notwendig*
nero	*schwarz*
nervoso	*nervös*
nessuno	*niemand*
neutrale	*neutral*
neve, la	*Schnee*
nevicare	*schneien*
nevicata, la	*Schneefall*
nipote, il (di nonno)	*Enkel*
nipote, il (di zio)	*Neffe*
nipote, la (di nonno)	*Enkelin*
nipote, la (di zio)	*Nichte*
nipoti, i (di nonno)	*Enkelkinder*
nipoti, i (di zio)	*Nichten und Neffen*
no	*nein*
noi	*wir*
nome, il	*Name*
non	*nicht*
non … ancora	*noch nicht*
non … mai	*nie*
non … neanche	*weder … noch*
non … più	*nicht mehr*
nonna, la	*Großmutter*
nonni, i	*Großeltern*
nonno, il	*Großvater*
normale	*normal*
nostro	*unser*
notiziario, il	*Nachrichten*
notte, la	*Nacht*
notturno	*nächtlich, Nacht-*
novanta	*neunzig*
nove	*neun*
novembre	*November*
nozze, le	*Hochzeit*
nubile	*ledig (Frau)*
nulla	*nichts*
numero, il	*Zahl*
nuotare	*schwimmen*
nuovo	*neu*
nuvoloso	*bewölkt*

O

occhiali, gli *(nur Pl.)*	*Brille*
occhiali da sole, gli	*Sonnenbrille*
occhio, l'	*Auge*
occuparsi	*sich beschäftigen*
oculista, l'	*Augenarzt*
oggetto di valore, l'	*Wertgegenstand*
oggi	*heute*
Olanda, l'	*Niederlande*
olandese, l'	*Niederländisch (Sprache)*
Olandese, l'	*Niederländer, -in*
on line	*online*
opera, l'	*Oper*
operarsi	*sich operieren lassen*
opinione, l'	*Meinung*
ora, l'	*Stunde; Uhr*

orata, l'	*Goldbrasse*
orecchio, l'	*Ohr*
organizzare	*organisieren*
originale	*hier: ausgefallen*
ormai	*nun*
ospedale, l'	*Krankenhaus*
ospite, l'	*Gast*
otorino, l'	*HNO-Arzt*
ottanta	*achtzig*
ottobre	*Oktober*

P

pacco, il	*Päckchen*
padre, il	*Vater*
Paese, il	*Land*
pagare	*bezahlen*
paio, il	*Paar*
palla, la	*Ball*
pallavolo, la	*Volleyball*
Palma d'Oro, la	*Goldene Palme*
pane, il	*Brot*
panorama, il	*Aussicht*
pantaloni, i	*Hose*
papà, il	*Papa*
parco, il	*Park*
parete, la	*Wand*
Parigi	*Paris*
parlare	*sprechen*
Parma	*Parma*
partecipare	*teilnehmen*
partenza, la	*Abfahrt*
partire	*abfahren*
partita di calcio, la	*Fußballspiel*
Pasqua, la	*Ostern*
passare	*vergehen (Zeit); vorbeikommen; geben*
passare davanti a	*vorbeigehen an*
passeggiare	*spazieren gehen*
passeggiata, la	*Spaziergang*
pasta, la	*Nudeln*
patata, la	*Kartoffel*
patatine fritte, le	*Pommes Frites*
pecora, la	*Schaf*
pelato	*geschält*
pelle, la	*Haut*
pelo, il	*Fell*
pensare	*denken*
pensionato, il	*Rentner*
pensione completa, la	*Vollpension*
peperone, il	*Paprika*
per	*um ... zu*
per favore	*bitte*
per terra	*auf dem Boden*
pera, la	*Birne*
perché	*warum; weil*
perdere	*verlieren*
Perfetto!	*Perfekt!*
periferia, la	*Stadtrand*
però	*aber, jedoch*
persona, la	*Person*
pesante	*schwer*
pesce, il	*Fisch*
pettinarsi	*sich kämmen*
pezzo, il	*Weile*
piacere	*gefallen*
Piacere!	*Angenehm!*
piano, il	*Stockwerk*
pianoforte, il	*Klavier*
pianta, la	*Pflanze*
piazza, la	*Platz*
Piazza di Spagna, la	*Spanischer Platz*
piccolina, la mia	*meine Kleine*
piccolo	*klein*
piede, il	*Fuß*
Piemonte, il	*Piemont*
pioggia, la	*Regen*
piovere	*regnen*
piscina, la	*Schwimmbad*
pizza, la	*Pizza*
pizzeria, la	*Pizzeria*

poi	*dann*
polacca, la	*Polin*
polacco, il	*Pole*
polacco, il	*Polnisch*
poliziotto, il	*Polizist*
pollo, il	*Huhn*
Polonia, la	*Polen*
polso, il	*Handgelenk*
pomodoro, il	*Tomate*
ponte, il	*Brücke*
popolare	*populär*
portare	*tragen; haben; bringen*
portatile, il	*Laptop*
porto, il	*Hafen*
possibile	*möglich*
posta, la	*Post*
posta elettronica, la	*elektronische Post*
posto, il	*Platz*
potare	*schneiden*
potere	*können*
pozzo, il	*Brunnen*
PR (public relations)	*Public Relations*
pranzo, il	*Mittagessen*
praticare	*treiben*
preferire	*bevorzugen, etw. lieber machen*
premio, il	*Preis*
prendere	*nehmen*
prendere il sole	*sich sonnen*
prenotare	*buchen*
prepararsi	*sich fertig machen*
prescrivere	*verschreiben*
presentare qualcuno	*jemanden vorstellen*
presso	*bei; in; an*
presto	*früh; bald*
prezzo, il	*Preis*
prima	*früher*
primavera, la	*Frühling*
primo	*erste, -r, -s*
primo piatto	*erster Gang*
privato	*privat*
professione, la	*Beruf*
professore, il	*Lehrer; Professor*
professoressa, la	*Lehrerin; Professorin*
profumo, il	*Parfüm*
programma di moda, il	*Modesendung*
programma, il	*Programm; (Radio-, Fernseh-) Sendung*
Pronto?	*Hallo?*
pronunciare	*aussprechen*
proprio	*überhaupt nicht; wirklich*
prosciutto, il	*Schinken*
proseguire	*weitergehen; folgen*
prossimo	*nächste, -r, -s*
proteggere	*schützen*
protezione dell' ambiente, la	*Umweltschutz*
provare	*anprobieren*
proveniente	*aus ... kommend*
pub, il	*Kneipe*
pubblicità, la	*Werbung*
pubblico	*öffentlich*
pubblico, il	*Publikum*
Puglia, la	*Apulien*
pulizia, la	*Reinigung*
puntuale	*pünktlich*
purtroppo	*leider*
puzza, la	*Gestank*

Q

qualche	*einige*
qualcosa	*irgendetwas*
qualcuno	*irgendjemand*
quale?	*welche, -r, -s?*
qualificarsi	*sich qualifizieren*
quando	*wann*
quanto tempo	*wie lange*
quaranta	*vierzig*
quarto *(in Uhrzeiten)*	*Viertel*

quattordici	*vierzehn*
quattro	*vier*
quella	*die da*
quello	*der/ das da*
questa	*die hier*
questo	*der/ das hier*
qui	*hier*
quindici	*fünfzehn*
quiz televisivo, il	*Quizsendung*
quotidiano, il	*Zeitung*

R

raccolta differenziata, la	*Mülltrennung*
raccontare	*erzählen*
radio, la	*Radio*
radiotelevisione, la	*Rundfunk- und Fernsehanstalt*
radiotelevisivo	*Rundfunk- und Fernseh-*
raffreddore, il	*Erkältung*
ragazza, la	*Mädchen*
ragazza, la mia	*meine Freundin*
ragazzo, il	*Junge*
ragazzo, il mio	*mein Freund*
rana, la	*Frosch*
rapporto, il	*Bericht*
rappresentante, il	*Vertreter*
rappresentare	*darstellen*
raro	*selten*
ravioli di magro, i	*Ravioli mit Spinatfüllung*
reality show, il	*Realityshow*
reception, la	*Empfang*
riciclaggio, il	*Recycling*
regione, la	*Region*
regista, il	*Regisseur*
registrazione, la	*Anmeldung*
regola, la	*Regel*
regolare	*regelmäßig*
religione, la	*Religion*
repubblica, la	*Republik*
responsabile	*verantwortlich*
riccio	*lockig*
ricevere	*bekommen*
ricordare	*sich erinnern*
rifiutare	*ablehnen*
rifiuti, i	*Abfälle*
rilassante	*entspannend*
rilassarsi	*sich entspannen*
ringhiera, la	*Geländer*
ringraziare	*danken*
rinunciare	*verzichten*
riposarsi	*sich ausruhen*
risalente	*zurückgehend*
risalire	*zurückgehen*
riscaldamento, il	*Heizung*
risotto, il	*Risotto*
risparmiare	*sparen*
rispondere	*antworten*
ristorante, il	*Restaurant*
ritardo, il	*Verspätung*
ritenere	*halten, betrachten*
ritrovare	*wiederfinden*
rivista, la	*Zeitschrift*
Roma	*Rom*
rosa	*rosa*
rosso	*rot*
rotondo	*rund*
russo, il	*Russisch (Sprache)*

S

sabato, il	*Samstag*
sala da pranzo, la	*Esszimmer*
salire	*hinaufgehen; einsteigen*
salone, il	*Salon*
salumi, i	*Wurstwaren*
sandali di vernice, i	*Lacksandalen*
sano	*gesund*

sapere	*wissen*
Sardegna, la	*Sardinien*
scala, la	*Treppe*
scaloppina al limone, la	*Kalbsmedaillon in Zitronensoße*
scarpa, la	*Schuh*
scarpe da tennis, le	*Tennisschuhe*
scarpiera, la	*Schuhschrank*
scavi, gli	*Ausgrabungen*
scena, la	*Szene*
schermo, lo	*Bildschirm*
sciare	*Ski fahren*
sciarpa, la	*Schal*
sciroppo per la tosse, lo	*Hustensaft*
scivolo, lo	*Rutsche*
scolastico	*Schul-; schulisch*
scrittore, lo	*Schriftsteller*
scrivania, la	*Schreibtisch*
scrivere	*schreiben*
scuola, la	*Schule*
scuola elementare, la	*Grundschule*
scuola materna, la	*Vorschule*
scuola media, la	*Mittelschule*
scuro	*dunkel*
sdraiarsi	*sich hinlegen*
se	*wenn*
secco	*trocken*
secondo	*zweite, -r, -s*
secondo me	*meiner Meinung nach*
secondo piatto	*zweiter Gang*
secondo, il	*Sekunde*
sedersi	*sich setzen*
sedia, la	*Stuhl*
sedici	*sechzehn*
segretaria, la	*Sekretärin*
segretario, il	*Sekretär*
seguire	*folgen; zuschauen*
sei	*sechs*
semaforo, il	*Ampel*
sembrare	*aussehen*
semestre, il	*Semester*
sempre	*immer*
Senti!	*Hör mal!*
sentirsi	*sich fühlen*
senza	*ohne*
separato	*getrennt*
sera, la	*Abend*
serata, la	*Abend*
sereno	*heiter*
servizio, il	*Dienst*
servizio pubblico, il	*öffentlicher Dienst*
sessanta	*sechzig*
sesso, il	*Sex*
settanta	*siebzig*
sette	*sieben*
settembre	*September*
settentrionale	*nördlich*
settimana, la	*Woche*
Settimana Santa, la	*Karwoche*
sgabello, lo	*Hocker*
sgabuzzino, lo	*Abstellkammer*
sgelare	*auftauen*
sghiacciare	*auftauen*
Sicilia, la	*Sizilien*
signora, la	*Frau*
simpatico	*sympathisch*
single	*Single*
sistema, il	*System*
smaltimento dei rifiuti, lo	*Müllentsorgung*
snello	*schlank*
socialista	*sozialistisch*
società, la	*Gesellschaft*
società concessionaria, la	*Konzessionsinhaber*
soddisfatto	*zufrieden*
soffiare	*wehen, blasen*
soggiorno, il	*Aufenthalt; Wohnzimmer*
sole, il	*Sonne*

solito	*üblich*
solo	*nur*
soluzione, la	*Lösung*
soprattutto	*vor allem*
sorella, la	*Schwester*
sorriso, il	*Lächeln*
sott'olio	*in Öl eingelegt*
sottoporsi a	*sich unterziehen*
spaghetti, gli	*Spaghetti*
Spagna, la	*Spanien*
spagnola, la	*Spanierin*
spagnolo, lo	*Spanier*
spagnolo, lo	*Spanisch (Sprache)*
spalmarsi la crema	*sich eincremen*
spazzatura, la	*Müll*
specchio, lo	*Spiegel*
specializzato	*spezialisiert*
spegnere	*ausschalten*
sperare	*hoffen*
spesso	*oft*
spettacolo, lo	*Vorstellung*
spiaggia, la	*Strand*
spontaneo	*spontan*
sport, lo	*Sport*
sposa, la	*Braut*
sposarsi	*heiraten*
sposato	*verheiratet*
sposi, gli	*Brautpaar*
sposo, lo	*Bräutigam*
spreco di denaro, lo	*Geldverschwendung*
squisito	*lecker*
stabile	*stabil*
stamattina	*heute Morgen*
stampa, la	*Presse*
stanco	*müde*
stanza, la	*Zimmer, Raum*
stare	*gehen; passen; stehen*
stato, lo	*Staat*
stazione, la	*Bahnhof*
stilista, la / lo	*Modedesigner, -in*
stop, lo	*Stoppschild*
strada, la	*Straße*
stressante	*stressig*
stretto	*eng*
studente, lo	*Student*
studentessa, la	*Studentin*
studiare	*studieren*
studio legale, lo	*Anwaltskanzlei*
studio, lo	*Arbeitszimmer*
stupendo	*fantastisch*
subito	*gleich, sofort*
sufficiente	*ausreichend*
suo	*sein; ihr*
suocera, la	*Schwiegermutter*
suoceri, i	*Schwiegereltern*
suocero, il	*Schwiegervater*
suonare	*(ein Instrument) spielen*
svedese, la	*Schwedin*
svedese, lo	*Schwede*
Svezia, la	*Schweden*
sviluppare	*entwickeln*
sviluppo, lo	*Entwicklung*
svizzera, la	*Schweizerin*
Svizzera, la	*Schweiz*
svizzero, lo	*Schweizer*
svizzero, lo	*Schweizerdeutsch*

T

taglia, la	*Größe*
tagliatelle al ragù, le	*Bandnudeln mit Hackfleischsoße*
tanto	*viel, sehr*
tappeto, il	*Teppich*
tardi	*spät*
tassista, il	*Taxifahrer*
tavolo, il	*Tisch*
taxi, il	*Taxi*
tè, il	*Tee*
teatro, il	*Theater*

teatro dell'opera, il	*Opernhaus*
tedesca, la	*die Deutsche*
tedesco, il	*Deutsch (Sprache)*
tedesco, il	*der Deutsche*
telecomando, il	*Fernbedienung*
telefonare	*telefonieren*
telefono, il	*Telefon*
telegiornale, il	*Fernsehnachrichten*
telenovela, la	*Seifenoper*
telespettatore, il	*Zuschauer*
televisione, la	*Fernsehen*
televisivo	*Fernseh-*
televisore, il	*Fernsehgerät*
tema, il	*Thema*
tempesta, la	*Sturm*
tempio, il	*Tempel*
tempo, il	*Zeit*
tempo libero, il	*Freizeit*
temporale, il	*Gewitter*
tenere molto a	*sehr achten auf*
tennis, il	*Tennis*
tennista, il	*Tennisspieler*
terme, le	*Thermen*
terrazza, la	*Terrasse*
terremoto, il	*Erdbeben*
terribile	*furchtbar*
terzo	*dritte, -r, -s*
testa, la	*Kopf*
ti	*dich, dir*
tipico	*typisch*
tiramisù, il	*Tiramisu*
titolo, il	*Name, Titel*
togliersi	*sich ausziehen*
tornare	*wieder kommen*
tornare indietro	*zurückkehren*
Toscana, la	*Toskana*
tosco-emiliano	*toskanisch-emilianisch*
tosse, la	*Husten*
tragitto, il	*Strecke*
tram, il	*Straßenbahn*
tranquillo	*ruhig*
trascorrere	*verbringen*
trasferirsi	*umziehen*
tre	*drei*
tredici	*dreizehn*
treno, il	*Zug*
trenta	*dreißig*
trentatré	*dreiunddreißig*
Trentino-Alto Adige; il	*Trentino-Südtirol*
Trento	*Trient*
tricolore	*dreifarbig*
troppo	*zu*
trotterellare	*trippeln*
trovare	*finden*
trovarsi	*sein, sich befinden*
truccarsi	*sich schminken*
t-shirt, la	*T-Shirt*
tu	*du*
tuo	*dein*
turco	*türkisch*
tutti	*alle*
TV, la	*Fernsehen*

U

uccellino, l'	*Vogel*
ufficio, l'	*Büro*
ufficio informazioni, l'	*Informationsbüro*
ultimamente	*in der letzen Zeit*
ultimo	*letzte, -r, -s*
Umbria, l'	*Umbrien*
Un momento!	*Einen Moment!*
un po'	*ein bisschen*
una volta	*einmal*
undici	*elf*
Ungheria	*Ungarn*
Unione europea, l'	*Europäische Union*
università, l'	*Universität*
uno	*eins*
urgente	*dringend*
usato	*benutzt*

uscire *ausgehen*
utente, l' *Benutzer*
utilizzato *benutzt*
uva, l' *Trauben*

V

va bene *okay*
Val Padana, la *Poebene*
valigia, la *Koffer*
Valle d'Aosta, la *Aostatal*
valle, la *Tal*
vancanza, la *Urlaub*
vano, il *Zimmer*
vasca, la *Wanne*
vecchio *alt*
lungo *lang*
vedere *schauen*
vedersi *sich sehen, sich treffen*
veloce *schnell*
velocità, la *Geschwindigkeit*
vendemmia, la *Weinlese*
vendita, la *Verkauf*
venerdì, il *Freitag*
Veneto, il *Venetien*
venire *kommen*
venire a galla *an die Oberfläche kommen*
venti *zwanzig*
vento, il *Wind*
veranda, la *Veranda*
verde *grün*
verdura, la *Gemüse*
vero? *oder?*
vestirsi *sich anziehen*
vestito, il *Kleid*
vi *euch*
via *weg*
via, la *Weg, Straße*
viaggiare *reisen*
viaggio di nozze, il *Hochzeitsreise*
viale, il *Allee*
vicinanza, la *Nähe*
vicino a *in der Nähe von*
vigna, la *Weinberg*
villa, la *Villa*
vincere *gewinnen*
vino bianco, il *Weißwein*
vino rosso, il *Rotwein*
viola *violett*
violino, il *Geige*
visita, la *Besuch; Führung*
visitare *besichtigen*
viso, il *Gesicht*
vista sul mare, la *Meeresblick*
vita, la *Leben*
vittima, la *Opfer*
vivere *wohnen, leben*
voglia, la *Lust*
voi *ihr*
volentieri *gerne*
volerci *dauern*
volere *wollen*
volere bene *lieb haben, mögen*
volume, il *Lautstärke*
vostro *euer*
voto, il *Note*
vuoto a rendere, il *Pfandflasche*

W

water, il *Toilettenschüssel*

Y

yogurt, lo *Joghurt*

Z

zero *null*
zia, la *Tante*
zio, lo *Onkel*
zona, la *Gegend*
zucchero, lo *Zucker*

Niveau A1

Fertigkeit	Kann-Beschreibung	Übungen
Hören	Ich kann vertraute alltägliche Ausdrücke und ganz einfache Sätze verstehen, die sich auf mich selbst, meine Familie oder auf konkrete Dinge um mich herum beziehen, vorausgesetzt es wird langsam und deutlich gesprochen.	L1 Ü1; L1 Ü6; L1 Ü7; L2 Ü1; L2 Ü2; L2 Ü8; L2 Ü12; L3 Ü5; L5 Ü1; L5 Ü2; L5 Ü8; L7 Ü13
Lesen	Ich kann einzelne, vertraute Namen, Wörter und ganz einfache Sätze erfassen, z. B. auf Schildern, Plakaten oder in Prospekten.	L1 Ü9; L3 Ü10; L5 Ü3; L5 Ü5; L7 Ü10; L7 Ü11; L8 Ü10; L8 Ü14; L9 Ü2; L9 Ü8
Sprechen	Ich kann mich auf einfache Art verständigen, einfache Fragen stellen und beantworten. Ich kann einfache Wendungen und Sätze gebrauchen, um Leute, die ich kenne, zu beschreiben und um zu beschreiben, wo ich wohne.	L1 Ü2; L1 Ü5; L1 Ü10; L2 Ü5; L2 Ü9; L2 Ü11; L2 Ü14; L3 Ü12; L3 Ü13; L3 Ü15; L5 Ü7; L5 Ü12; L5 Ü14; L11 Ü15
Schreiben	Ich kann eine einfache Postkarte, z. B. mit Feriengrüßen, schreiben. Ich kann auf Formularen, z. B. in Hotels, Namen, Adresse, Nationalität usw. eintragen.	L1 Ü7; L1 Ü18; L2 Ü1; L2 Ü10; L3 Ü1; L3 Ü12; L3 Ü13; L5 Ü8; L5 Ü10; L6 Ü1; L7 Ü1; L8 Ü9; L11 Ü11

Niveau A2

Fertigkeit	Kann-Beschreibung	Übung
Hören	Ich kann einzelne Sätze und häufig gebrauchte Wörter verstehen, wenn es z. B. um einfache Informationen zur Person, zu Familie, Einkaufen, Arbeit, zur näheren Umgebung geht. Ich verstehe das Wesentliche von kurzen, klaren und einfachen Durchsagen.	L5 Ü8; L5 Ü10; L6 Ü1; L6 Ü5; L7 Ü1, L7 Ü9; L8 Ü1; L8 Ü2; L8 Ü4; L8 Ü9; L8 Ü12; L9 Ü1; L10 Ü1; L10 Ü8; L10 Ü13; L12 Ü1
Lesen	Ich kann ganz kurze, einfache Texte lesen. Ich kann in einfachen Alltagstexten (z. B. Anzeigen, Prospekten, Speisekarten oder Fahrplänen) konkrete, vorhersehbare Informationen auffinden und ich kann kurze, einfache, persönliche Briefe verstehen.	L3 Ü10; L4 Ü1; L4 Ü7; L4 Ü8; L6 Ü7; L6 Ü8; L7 Ü10; L9 Ü8; L10 Ü9; L11 Ü 9; L12 Ü4; L12 Ü10; L12 Ü11
Sprechen	Ich kann in einigen Sätzen und mit einfachen Mitteln z. B. meine Familie, andere Leute, meine Ausbildung, meine gegenwärtige oder letzte berufliche Tätigkeit beschreiben.	L3 Ü2; L3 Ü8; L6 Ü9 L7 Ü14; L8 Ü4; L8 Ü7: L8 Ü16; L9 Ü14; L12 Ü13; L12 Ü14
Schreiben	Ich kann eine kurze, einfache Notiz oder Mitteilung und einen ganz einfachen persönlichen Brief schreiben, z. B. um mich für etwas zu bedanken.	L10 Ü13; L12 Ü10; L12 Ü11

Bildnachweise

Illustrationen:
Marlene Pohle, Stuttgart

Fotos
Seite 11, Übung 9
junge Frau: Stockdisc / RF

Seite 13, Übung 15
lachender Mann: istockphoto.com / Lise Gagne
junge Frau: istockphoto.com / Joseph Jean Rolland Dubé
Mann mit Brille: Avenue Images / Image Source

Seite 17, Übung 5
Frau mit langen Haaren: istockphoto.com / Lise Gagne
Schwestern: istockphoto.com / Anna Bryukhanova
junger Mann: istockphoto.com / Paul Piebinga
drei Männer: istockphoto.com / Renee Lee

Seite 24, Übung 4
Uhren: EKS GmbH, Stuttgart

Seite 25, Übung 5
Illustration: Norberto Lombardi, Campana (ARG)

Seite 27, Übung 10
Torte: istockphoto.com / Galina Barskaya

Seite 45, Übung 8
zwei junge Frauen: istockphoto.com

Seite 50, Übung 2
Taxi: fotolia. de / sealass
Arzt: Fotosearch / Photodisc
Busfahrer: istockphoto.com / Tomaz Levstek
Animateurin: MEV Verlag GmbH, Augsburg
Verkäuferin: Marco Polo Agence Photographique / F. Bouillot
Reisegruppe: istockphoto.com / David Cannings-Bushell
Kellner: istockphoto.com / Paul Vasarhelyi
Stewardess: MEV Verlag GmbH, Augsburg

Seite 51, Übung 5
Angestellter: MEV Verlag GmbH, Augsburg
Apotheke: Tamara Ziegler, Stuttgart
Bar: EKS GmbH, Stuttgart
Hotel: EKS GmbH, Stuttgart
Flugzeug: istockphoto.com / Rob Bouwman
Krankenhaus: Digital Vision (RF)

Seite 57, Übung 1
Haus: istockphoto.com
Bett: istockphoto.com
Bad: istockphoto.com / Charles Humphries
Küche: Friso de Jong, Stuttgart
Wohnzimmer: istockphoto.com / Stefan Klein
Balkon: istockphoto.com / Dubravko Grakalic
Garten: istockphoto.com / mike koiston

Seite 58, Übung 3
Spielautomat: Norberto Lombardi, Campana (ARG)

Seite 60, Übung 3
Zitronen: istockphoto.com / Sam Aronov
Kirschen: istockphoto.com / wael hamdan
Erdbeeren: istockphoto.com
Mandarinen: istockphoto.com / Olga Shelego
Birnen: istockphoto.com / Denis Sauvageau
Melonen: istockphoto.com
Bananen: istockphoto.com / Monika Adamczyk
Trauben: istockphoto.com / Jozsef Szasz-Fabian

Seite 67, Übung 1
Mikrofon: istockphoto.com / Cristian Nitu

Seite 72, Übung 11
Rock: istockphoto.com / Louis Aguinaldo
Anzug: istockphoto.com / Silvia Boratti
Pullover: istockphoto.com / Arturo Limon
Hut: istockphoto.com / Stefano Raffini
Gürtel: istockphoto.com / James Pauls
Sakko: istockphoto.com
Schuhe: istockphoto.com / Mehmet Dilsiz
Hose: istockphoto.com / Louis Aguinaldo

Seite 76, Übung 2
alle Fotos: EKS GmbH, Stuttgart

Seite 79, Übung 8
Spanische Treppe: MEV Verlag GmbH, Augsburg

Seite 87, Übung 5
Illustration: Anna Rita Carrino, Genua (I)

Seite 87, Übung 6
Illustration: Norberto Lombardi, Campana (ARG)

Seite 93, Übung 1
Arzt: Avenue Images / Brand X Pictures (RF)

Seite 94, Übung 3
Illustration: Norberto Lombardi, Campana (ARG)

Seite 98, Übung 10
rasieren: istockphoto.com / Randolph Pamphrey
Deo auftragen: istockphoto.com / Krzysztof Bednorz
Zähne putzen: istockphoto.com / Amanda Rohde
Haare kämmen: istockphoto.com / branislav ostojic
schminken: Photodisc / Getty Images (RF)
Hände waschen: Creativ Collection (RF)

Seite 101, Übung 1
Paar: fotolia.de / Franz Pfluegl

Seite 110, Übung 4
Spielautomat: Norberto Lombardi, Campana (ARG)